Tessloffs großes schlaues Antwortbuch

WARUM?

TESSLOFF

Aus dem Englischen von Lioba Schafnitzl, Regina Schneider,
Dr. Eva Dempewolf und Dr. Erich Übelacker

Für die deutsche Ausgabe:

Burgschmietstr. 2–4, 90419 Nürnberg
www.tessloff.com

Die Bände der Originalausgabe erschienen in den Jahren
1994 bis 2005 unter dem Reihentitel „I Wonder Why“
bei Kingfisher Larousse plc.

an imprint of Macmillan Children's Books
a division of Macmillan Publishers
www.panmacmillan.com

Gestaltung der Reihe:
David West Children's Books

ISBN 978-3-7886-1493-5

Dinosaurier

Entdecker und Erfinder

Land und Leute

Mein Körper

Kommunikation

Bauwerke

Transport

Zeit und Jahreszeiten

Wissenschaften

Tiere

Dinosaurier

Wie viele Dinosaurierarten gab es?

Es gab viele verschiedene Dinosaurier. Wissenschaftler haben bereits über 300 Arten gefunden und finden ständig neue. Manche Dinosaurier waren riesig, andere winzig. Einige Arten waren aggressive Fleischfresser, andere gutmütige Pflanzenfresser.

● Dinosaurier waren Reptilien. Zu den Reptilien der heutigen Zeit gehören Eidechsen, Krokodile, Schildkröten und Schlangen.

● Die Dinosaurier lebten an Land und hatten eine trockene, schuppige Haut. Die Schale ihrer Eier war zäh und lederartig, nicht hart und zerbrechlich wie eine Vogeleierschale.

Vor wie vielen Jahren lebten die Dinosaurier?

Die Dinosaurier lebten vor vielen Millionen Jahren. Vor ungefähr 230 Millionen Jahren gab es die ersten. Vor über 65 Millionen Jahren starben die letzten aus. Verglichen damit ist die Geschichte der Menschheit sehr kurz: Uns Menschen gibt es erst seit zwei Millionen Jahren.

Kentrosaurus (Pflanzenfresser)

● Unvorstellbare 165 Millionen Jahre lang beherrschten die Dinosaurier die Erde!

War Tyrannosaurus ein Großmaul?

Tyrannosaurus war ein Fleischfresser. Mit seiner Größe von sechs Metern war er größer als ein Grizzlybär. Er hatte ein so riesiges Maul, dass er dich leicht hätte verschlingen können!

● Einige Experten glauben, dass Tyrannosaurus auf der Jagd bis zu 50 Stundenkilometer schnell rennen konnte!

● So groß war ein Zahn des Tyrannosaurus. Die gezahnten Kanten waren hervorragend geeignet, um Haut und Fleisch zu zerreißen.

● Der Name Tyrannosaurus bedeutet „Tyrannenechse“. Ein Tyrann ist ein grausamer König.

War Tyrannosaurus der König der Dinos?

Vielleicht gab es noch größere Fleischfresser als Tyrannosaurus. Rechts auf dem Bild siehst du den Deinocheirus. Wie er ausgesehen hat, lässt sich nur vermuten, da man von ihm nur Arme und Klauen gefunden hat. Doch da diese größer als ein ausgewachsener Mensch sind, muss er ein kolossaler Saurier gewesen sein!

● Die drei Dinosaurier links im Bild waren nahe Verwandte des Tyrannosaurus, doch keiner von ihnen war so groß.

Welcher Dinosaurier war der größte?

Brachiosaurus war ein Riese. Heute würde er leicht ein vierstöckiges Wohnhaus überragen. Er war so groß, dass man Mühe gehabt hätte, sein Knie zu berühren. Inzwischen wurden jedoch die Knochen eines langhalsigen Dinosauriers gefunden, der den Namen Seismosaurus erhielt, und noch größer war!

● Brachiosaurus war 12 Meter groß, 22,5 Meter lang und 45 Tonnen schwer.

● Diplodocus war zwar einer der längsten Dinosaurier, sein Kopf war aber vergleichsweise winzig – nicht viel größer als ein Pferdekopf.

● Hier siehst du die drei Saurierriesen im Verhältnis zum größten heute lebenden Landbewohner, dem Afrikanischen Elefanten.

Die langhalsigen Dinosaurier werden Sauropoden genannt. Mit ihren langen Hälsen konnten sie Blätter in den Baumwipfeln abweiden, die für andere Dinosaurier unerreichbar waren.

Riesendinosaurier wie Brachiosaurus wurden vermutlich bis zu 120 Jahre alt.

Diplodocus war 26 Meter lang und 10 Tonnen schwer.

Welcher war der kleinste?

Compsognathus ist der kleinste Dinosaurier, der bislang entdeckt wurde – er war nicht viel größer als ein Huhn. Er lief auf zwei dünnen Beinen und jagte kleine Tiere, wie etwa Eidechsen.

Apatosaurus war 21 Meter lang und wog 30 Tonnen.

Legten die Dinosaurier Eier?

Dinosaurier legten wie alle Reptilien Eier. Die Mütter legten ihre Eier in Bodennester. Größe und Form der Eier waren recht unterschiedlich – einige waren fast rund, andere lang und schmal.

- Die ersten Dinosauriereier wurden in den 1920er-Jahren in der Mongolei gefunden. Es handelte sich um Eier des Protoceratops.

- Das größte Dinosaurierei, das bislang gefunden wurde, stammt von einer Art namens Hypselosaurus. Es ist etwa fünfmal so groß wie ein Hühnerei.

Eine Maiasaura mit ihren Jungen

● Langhalsige Dinosaurier beschützten ihre Jungen. Auf Wanderungen liefen die Jungtiere in der Mitte, bewacht von ihren Eltern.

● Maiasaura brüteten vermutlich in Kolonien, so wie Seevögel heute.

Welche Dinosaurier waren gute Mütter?

1978 fanden Wissenschaftler in Montana in Amerika vollständig erhaltene Dinosauriergelege mit Nestern, Eiern und sogar Babydinos. Die Dinosaurier, die diese Eier gelegt hatten, erhielten den Namen Maiasaura. Das bedeutet „Mutterechse“.

Konnten die Dinosaurier schwimmen?

Wenn es sein musste, schwammen Dinosaurier vermutlich auch, zum Beispiel um einen Fluss zu überqueren, aber sie lebten nicht im Wasser. Zu Zeiten der Dinos gab es viele Arten von Meeresreptilien – einige ähnelten sogar den Dinosauriern.

● Als die Dinosaurier lebten, gab es riesengroße Schildkröten. Archelon beispielsweise war länger als ein Ruderboot.

Kronosaurus

● Kronosaurus hatte einen riesigen Kopf! Sein Schädel war doppelt so groß wie der des Tyrannosaurus.

● Mosasaurus war die längste Meeresechse.

Mosasaurus

Elasmosaurus hatte ähnlich wie die Sauropoden einen langen, schlangenartigen Hals. Wahrscheinlich hielt er seinen Hals und den winzigen Kopf beim Schwimmen über Wasser und schnappte blitzschnell nach vorbeischwimmenden Fischen.

Diese Meeresreptilien konnten nicht wie Fische unter Wasser atmen. Sie mussten regelmäßig auftauchen, um Luft zu holen, so wie Wale und Delfine heute.

Ichthyosaurier ähnelten den heutigen Delfinen. Sie waren schnelle Schwimmer und dank ihrer scharfsichtigen Augen gute Jäger.

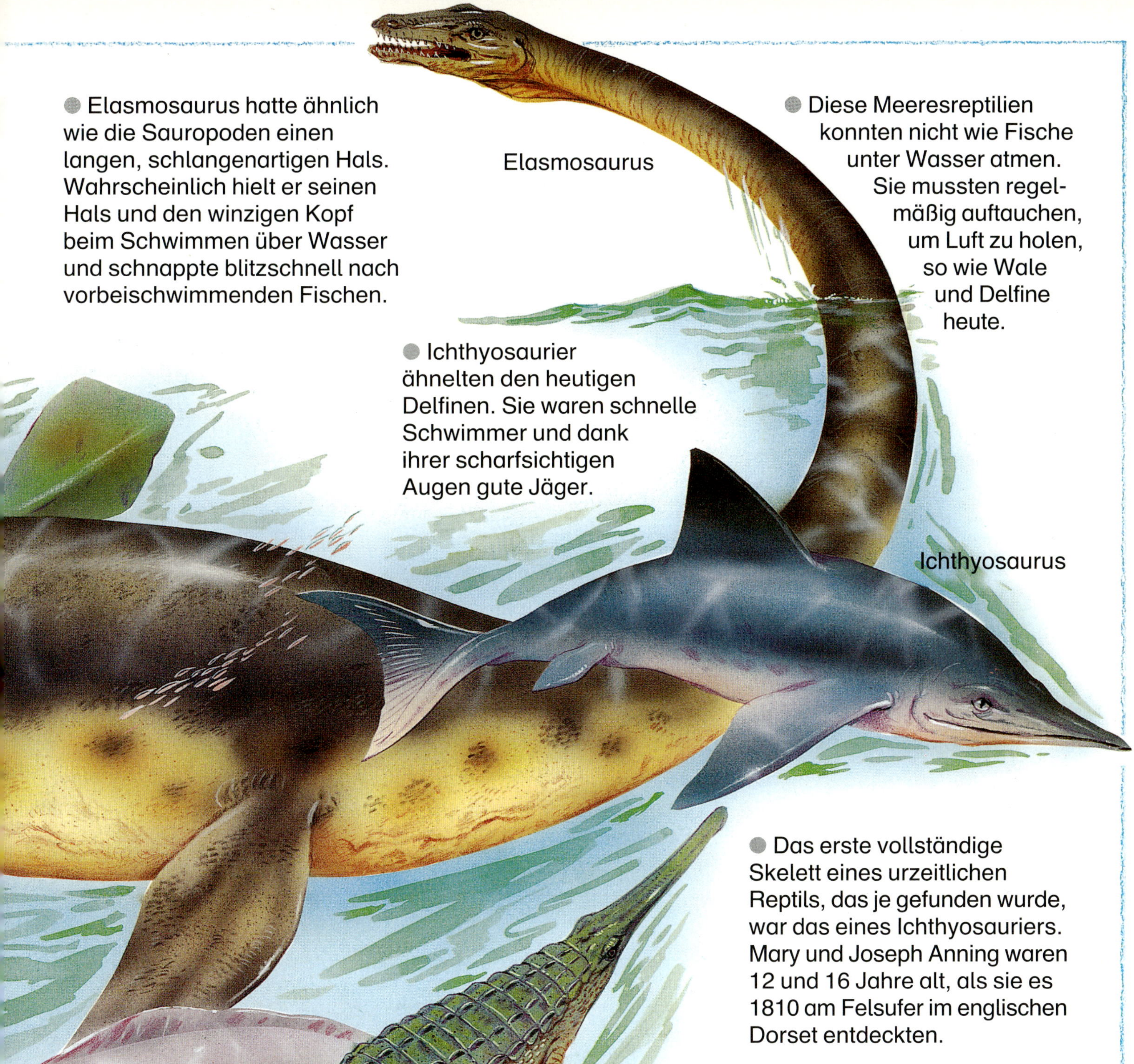

Das erste vollständige Skelett eines urzeitlichen Reptils, das je gefunden wurde, war das eines Ichthyosauriers. Mary und Joseph Anning waren 12 und 16 Jahre alt, als sie es 1810 am Felsufer im englischen Dorset entdeckten.

Zu Zeiten der Dinos gab es auch Meereskrokodile wie die Teleosaurier, die lange Schnauzen mit scharfen Zähnen hatten und damit Fische und Tintenfische packen konnten!

Konnten die Dinosaurier fliegen?

Im Zeitalter der Dinosaurier gab es auch viele fliegende Reptilien, die aber nicht zu den echten Dinosauriern zählen. Fliegende Reptilien nennt man Pterosaurier. Manche waren so klein wie eine Schwalbe, andere riesengroß.

● Pteranodon war größer als jeder fliegende Vogel heute. Sein Knochenkamm diente ihm beim Fliegen vermutlich als Steuerruder.

● Wahrscheinlich wurden Flugsaurierjunge von ihren Eltern ganz ähnlich gefüttert wie kleine Vogelküken heute.

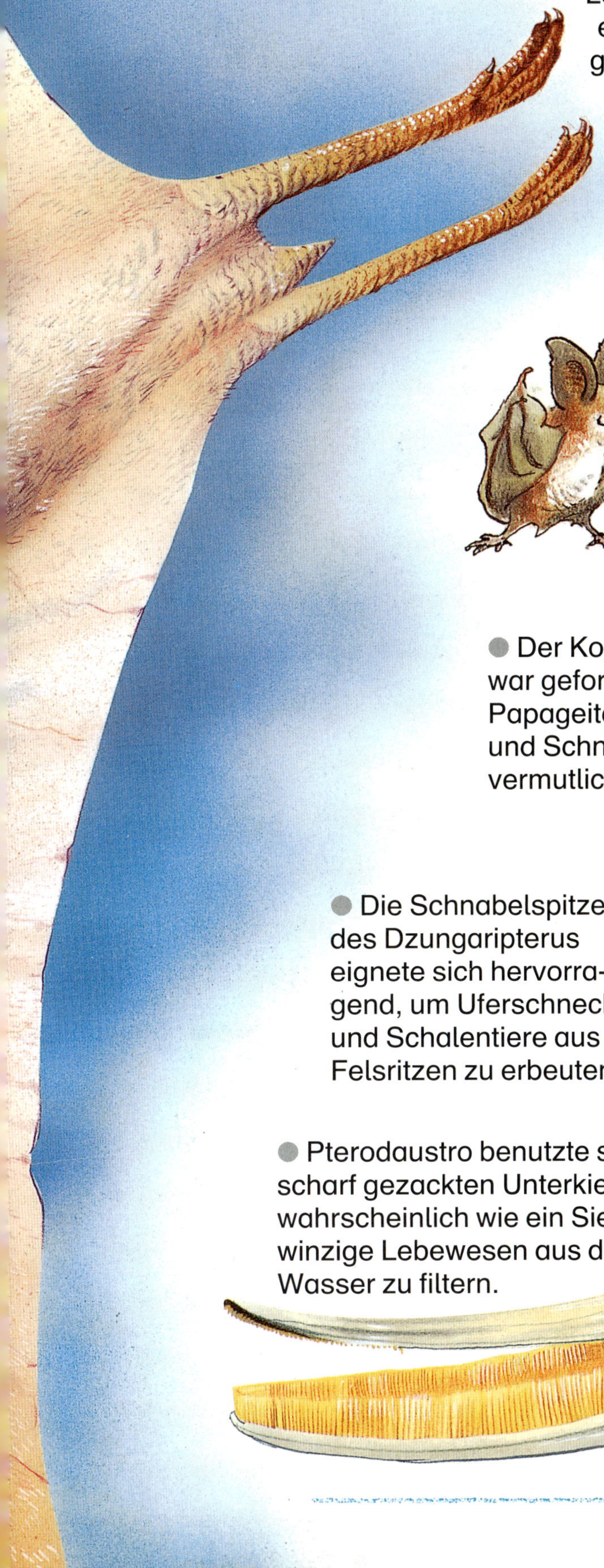

Der Flugsaurier Quetzalcoatlus war das größte fliegende Lebewesen, das es je auf der Erde gegeben hat. Er war größer als ein heutiger Gleitschirmflieger.

Flugsaurier waren nicht gefiedert wie Vögel. Mit ihrem weichen, pelzigen Körper und den lederartigen Flughäuten ähnelten sie eher Fledermäusen.

Der Kopf des Dimorphodon war geformt wie der eines Papageitauchers. Gesicht und Schnabel waren vermutlich leuchtend bunt.

Dimorphodon

Die Schnabelspitze des Dzungaripterus eignete sich hervorragend, um Uferschnecken und Schalentiere aus Felsritzen zu erbeuten.

Dzungaripterus

Pterodaustro benutzte seinen scharf gezackten Unterkiefer wahrscheinlich wie ein Sieb, um winzige Lebewesen aus dem Wasser zu filtern.

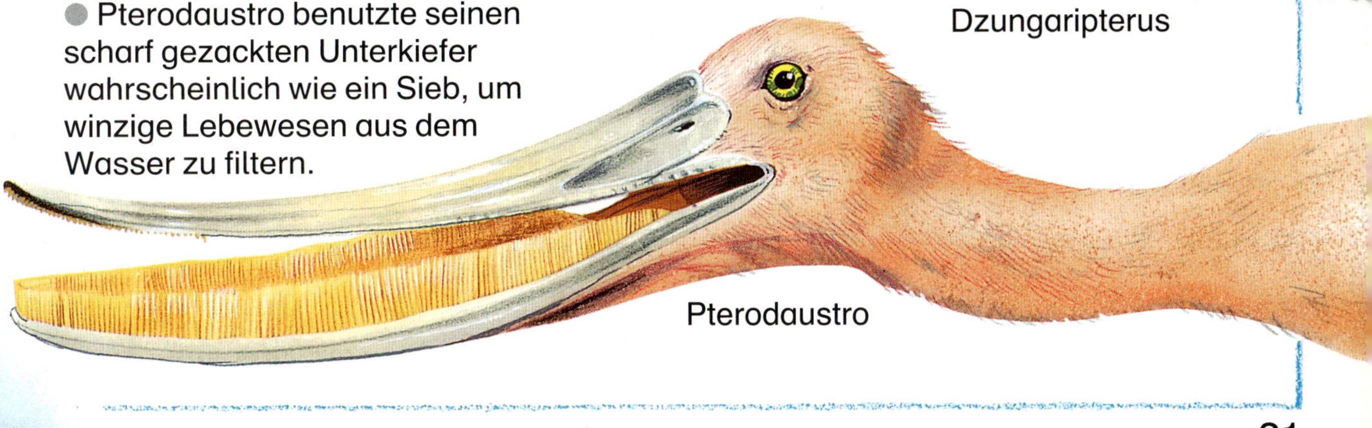

Pterodaustro

Wer trug Dornen auf dem Schwanz?

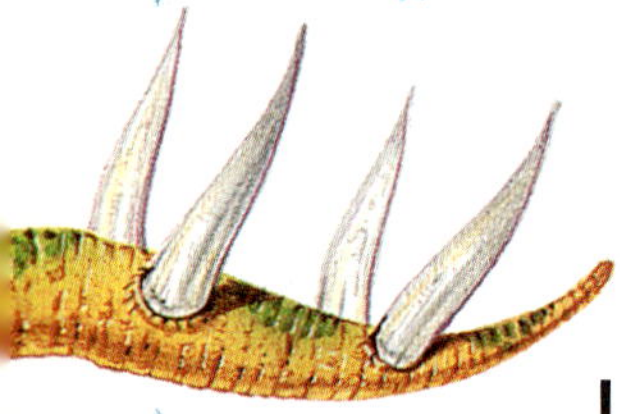

Stegosaurus besaß eine tödliche Waffe am hinteren Ende des Körpers. Die langen dornigen Spitzen auf seinem Schwanz waren zwar nicht giftig, konnten aber schwere Wunden reißen.

- Möglicherweise speicherten die Rückenplatten des Stegosaurus die Wärme der Sonnenstrahlen und hielten ihn warm.

- Der keulenförmige Schwanz des Ankylosaurus war vermutlich mit einem Augenmuster versehen. Wenn ein Fleischfresser den Schwanz für den Kopf hielt, erlebte er eine böse Überraschung!

- Der Schwanz des Diplodocus verhinderte, dass er umfiel, wenn er sich auf die Hinterbeine stützte, um höher gelegene Zweige abzuweiden.

● So wie Seiltänzer mit einer Stange balancieren, hielten zweibeinige Dinosaurier den Schwanz beim Rennen gerade ausgestreckt, um nicht das Gleichgewicht zu verlieren.

Wer schwang die Peitsche?

Die langhalsigen Dinosaurier waren groß genug, um die meisten Fleischfresser fernzuhalten. Wenn sich ein Diplodocus doch einmal gegen einen Angreifer wehren musste, schwang er seinen Schwanz wie eine Peitsche.

Gaben Saurier Laute von sich?

Manche Dinosaurier mit schnabelartigem Kiefer machten vermutlich echte Blasmusik. Ihre Hörner und Knochenkämme waren hohl. Forscher glauben, dass die Entenschnabel-Dinosaurier mit ihren Nüstern Geräusche wie ein Nebelhorn erzeugten.

● Man ging früher davon aus, dass der Kamm des Parasaurolophus unter Wasser als Schnorchel diente. Doch leider gab es an der Kammspitze keine Öffnungen für eine Luftzufuhr!

Lambeosaurus

Hypacrosaurus

Corythosaurus

● Entenschnabel-Saurier haben ihren Namen von der langen flachen Schnauze, die wie ein Schnabel spitz zulief. Die wissenschaftliche Bezeichnung für diese Gruppe lautet Hadrosaurier.

Wer lieferte sich Stoßkämpfe?

Parasaurolophus

Stegoceras hatte einen starken Schädel, den er vermutlich auch zum Stoßkampf einsetzte. Sein Schädel hatte die Funktion eines Helms, der das Gehirn schützte.

Wie verlief die Balzzeit?

Viele Tiere stehlen einander gerne die Schau, besonders wenn sie auf Partnersuche sind. Das war bei den Dinosauriern bestimmt nicht anders. Entenschnabel-Dinosaurier haben wahrscheinlich mit ihren prächtigen und bunt gemusterten Kämmen posiert.

- Man nimmt an, dass Anatosaurus in der Balzzeit seine Stirn wie einen Ballon aufblies.

Was fraß ein Dinosaurier?

Auf dem Speiseplan Fleisch fressender Dinosaurier standen nicht nur Artgenossen.

Die Nahrungsvielfalt reichte von Insekten, Eidechsen und Vögeln bis hin zu rattenähnlichen Säugetieren. Die Pflanzenfresser ernährten sich von den Blättern und Früchten der Pflanzen.

● Neben Zähnen zum Kauen besaßen Pflanzen fressende Dinosaurier wie Psittacosaurus einen harten Schnabel, mit dem sie dickere Pflanzenstängel zerbeißen konnten.

Wer hatte Hunderte von Zähnen?

Entenschnabel-Dinosaurier hatten zahllose Zähne, die in dichten Reihen angeordnet waren. Wenn Ober- und Unterkiefer gegeneinanderrieben, arbeiteten die Zähne wie ein Gemüsehobel.

Warum fraßen Dinosaurier Steine?

Einige Dinosaurier verschlangen kleine Steine, die sich dann in ihrem Bauch sammelten – wie Murmeln in einem Beutel. Diese Magensteine halfen, schwer verdauliche Pflanzenteile zu zermahlen.

In versteinertem Kot von Dinosauriern fanden Forscher Nahrungsreste, die Aufschluss darüber gaben, was die Tiere damals fraßen.

Wer hatte gern Eier zum Frühstück?

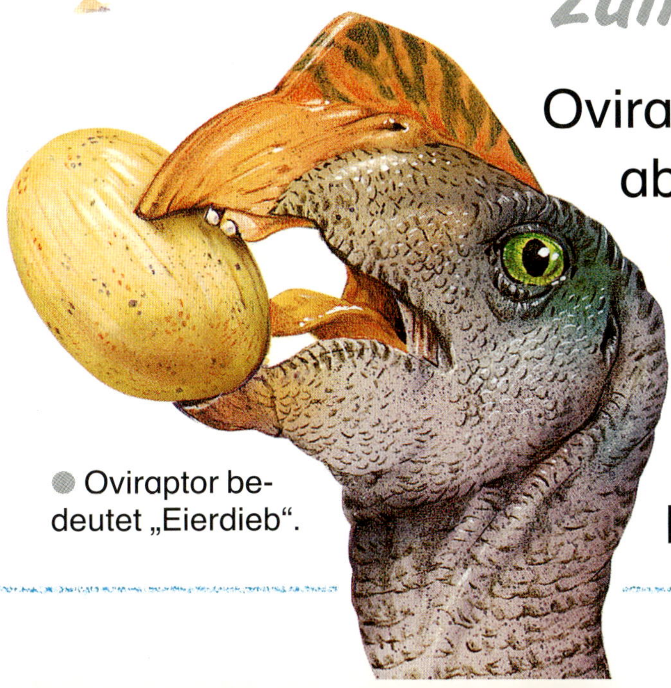

Oviraptor hatte keine Zähne, dafür aber einen starken Schnabel und zwei scharfe Spitzen am Gaumendach. Möglicherweise benutzte er die Spitzen, um die Eier anderer Dinosaurier aufzuknacken und auszuschlürfen.

Oviraptor bedeutet „Eierdieb“.

Woher wissen wir, wie die Saurier aussahen?

Da niemand je einen lebenden Saurier zu Gesicht bekommen hat, müssen die Forscher Detektivarbeit leisten. Fossile Knochen, mit denen sich ein Skelett nachbilden lässt, sind am aufschlussreichsten. Fossilien sind Versteinerungen von Lebewesen aus einer früheren Epoche der Erdgeschichte.

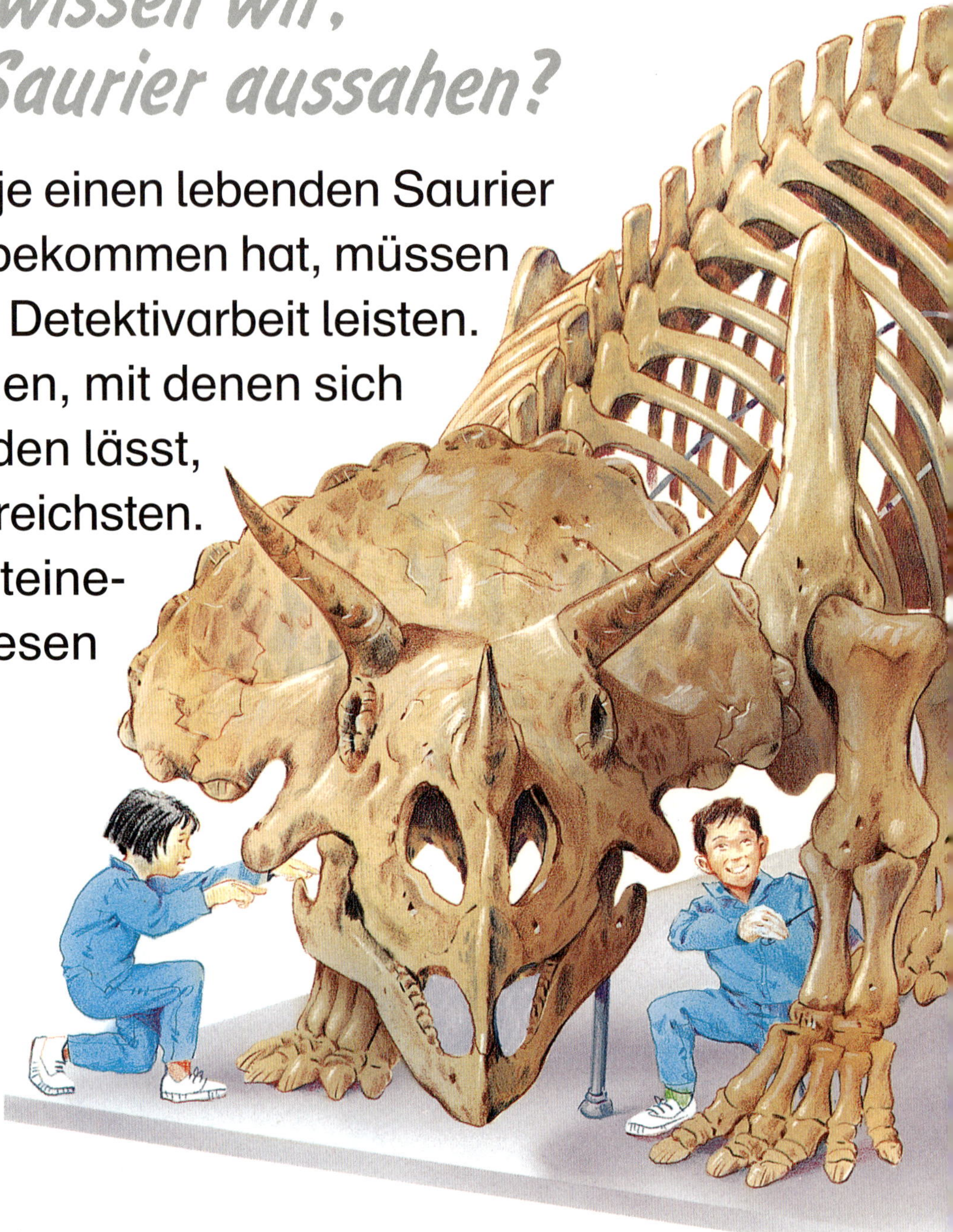

● Das Nachbilden eines Dinosaurier-Skeletts gleicht einem schwierigen Puzzle und man kann sich leicht irren. So wurde der Daumenknochen des Iguanodon zuerst für ein Nasenhorn gehalten.

So bilden sich Fossilien:

1 Ein toter Dinosaurier wurde unter Sand- oder Schlammschichten begraben – etwa nach einem Sturz in einen Fluss oder See.

2 Die Weichteile seines Körpers verfaulten. Zurück blieben nur die härteren Körperteile wie Knochen.

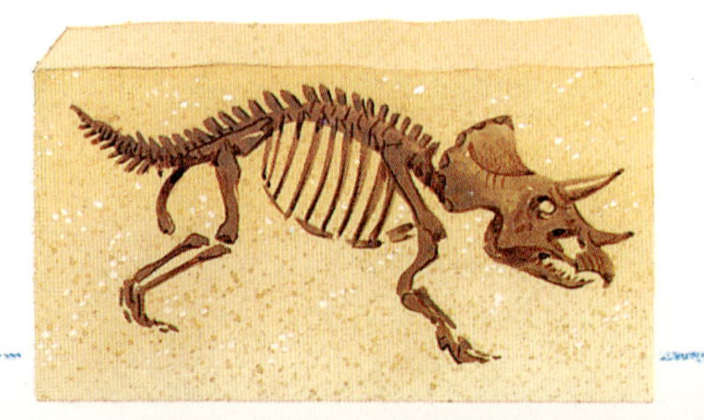

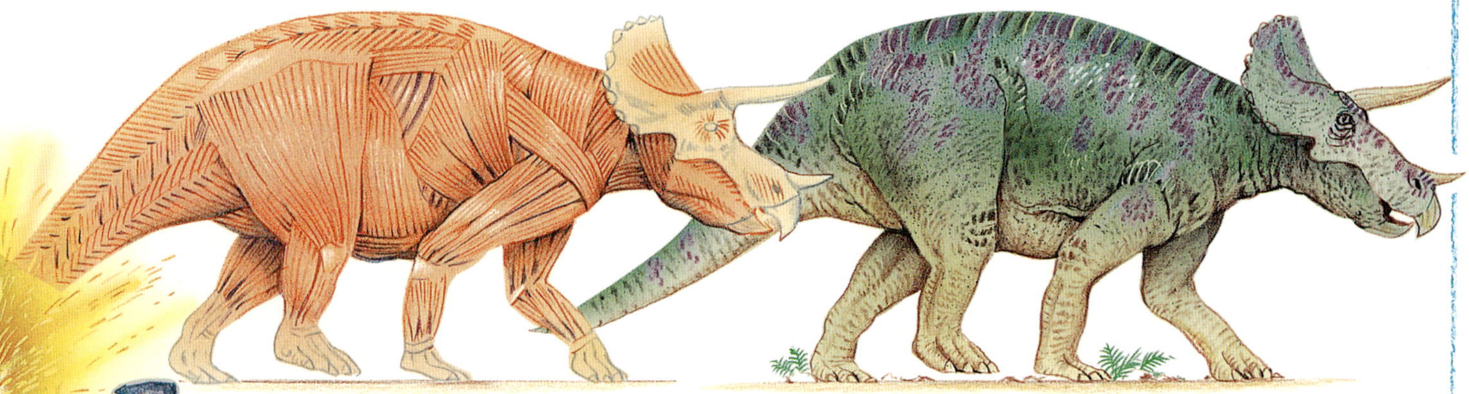

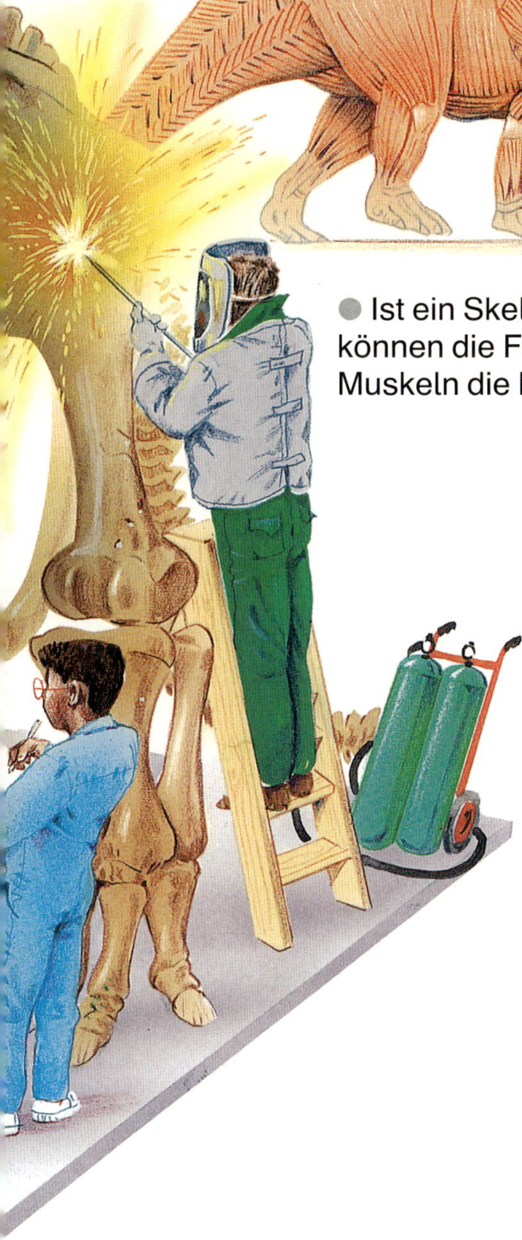

● Ist ein Skelett zusammengesetzt, können die Forscher feststellen, wie die Muskeln die Knochen zusammenhielten …

● … und wie der Dinosaurier ausgesehen hat, als die Muskeln von Haut bedeckt waren.

● Die Tiefe und der Abstand von Fußabdrücken geben Aufschluss über das Gewicht und die Laufgeschwindigkeit eines Dinosauriers.

Welche Farbe hatten Dinosaurier?

Niemand weiß, welche Färbung Dinosaurier hatten. Man fand zwar Versteinerungen ihrer Haut, doch die zeigen nur, dass die Haut schuppig war.

3 Über Jahrmillionen hinweg wurden sie zu Stein.

Wie findet man Fossilien?

Dinosaurier-Fossilien sind gewöhnlich in Felsen eingebettet, müssen also erst ausgegraben werden. Manchmal werden sie zufällig entdeckt, doch nach den meisten suchen Wissenschaftler systematisch. Denn nur bestimmte Gesteinsarten enthalten Fossilien.

● Zunächst wird eine Karte des Ausgrabungsgebietes angefertigt, in die dann jeder Fund eingetragen wird.

● Fossilien werden gewöhnlich in Sandstein, Feldspat, Kalk- oder Schiefergestein gefunden.

● Es kann Wochen, Monate oder gar Jahre dauern, bis ein Skelett vollständig ausgegraben ist.

● Fotografen halten die Fundstelle jedes einzelnen Knochenstückes fest. Das hilft den Wissenschaftlern, das Skelett später wieder zusammenzusetzen.

● Dinosaurier werden manchmal nach ihrem Entdecker benannt.

- Die Fundstücke müssen oft mit Lastwagen über unwegsames Gelände transportiert werden.

- Die Fossilien werden in Gipstücher eingepackt, um sie gegen heftige Stöße zu schützen – genauso wie man einen Gipsverband um ein gebrochenes Bein wickelt.

- Die Ausgrabungsstätten liegen oft weitab von Städten oder Straßen. Die Forscher leben dann in Zelten und Wohnwagen.

Wo gibt es Dinosaurier-Fundstellen?

Dinosaurier lebten überall auf der Erde. Fossilien fand man in Amerika und China, in England und in Australien – ja sogar in der Antarktis.

Was geschah mit den Dinosauriern?

Vor 65 Millionen Jahren verschwanden plötzlich alle Dinosaurier mitsamt den Flugsauriern und den meisten Meeresreptilien. Niemand weiß genau, was zu ihrem Aussterben geführt hat.

- Viele Wissenschaftler glauben, dass aus dem Weltall riesige Meteoriten auf die Erde stürzten, Staubwolken aufwirbelten und die Sonne verdunkelten. Das führte zu einer Klimaveränderung und löschte die meisten Pflanzen aus. Zuerst starben die Pflanzen fressenden Dinosaurier vor Kälte und Hunger und dann die Fleischfresser.

- Vielleicht wurden die Dinosaurier durch neu entstandene Pflanzenarten vergiftet.

● Manche Menschen glauben, dass Meeresreptilien wie Elasmosaurus nicht ausgestorben sind, sondern heute noch in großen Seen leben – zum Beispiel im Loch Ness in Schottland.

● Archaeopteryx sah zwar aus wie ein gefiederter Dinosaurier, war aber keiner. Er lebte vor 140 Millionen Jahren und ist der älteste uns bekannte Vogel, allerdings ein etwas eigenartig anmutender, denn er hatte einen knochigen Schwanz, Finger mit Krallen und Zähne.

Haben die Dinosaurier Nachfahren?

Wissenschaftler glauben, dass sich einige Saurierarten zu Vögeln weiterentwickelt haben, da sich die Skelette beider Arten ähneln. Wenn du das nächste Mal einen Vogel im Baum nisten oder über die Wiese hüpfen siehst, betrachte ihn doch einmal genauer!

Entdecker und Erfinder

Wer waren die ersten Entdecker?

Die Polynesier Neuguineas gehören zu den ersten Menschen, die auf Entdeckungsreise gingen. Bereits vor 3 500 Jahren begannen sie mit winzigen Kanus die Weiten des Pazifischen Ozeans zu erkunden.

● Im Laufe von Jahrhunderten besiedelten die Polynesier Tausende von Inseln im Pazifik.

Wo lag Punt?

Zeitgleich mit den Polynesiern stachen auch die Ägypter mit großen Handelsschiffen in See. Ihre Expeditionen nach Süden führten sie bis in das Land Punt am Roten Meer. Sie hofften, von dort Weihrauchharz, Ebenholz, Gold, Straußenfedern und exotische Tiere nach Hause zu bringen.

● Vor etwa 2300 Jahren segelte der griechische Entdecker Pytheas an Spanien und Großbritannien vorbei nach Norden. Er war der erste Grieche, der Treibeis, Polarlicht und Mitternachtssonne zu Gesicht bekam.

Wann stach Hanno in See?

Etwa 450 vor Christus setzte einer der ersten Entdecker, Hanno der Seefahrer, in Karthago die Segel. Vom heutigen Tunesien aus machte er sich auf die Suche nach neuen Handelswegen.

● Hannos Schiffe segelten zunächst auf den Atlantik hinaus und dann die afrikanische Westküste entlang. Man nimmt an, dass Hanno bis zum heutigen Staat Sierra Leone in Zentralafrika gelangte.

Welche Rolle spielten die Sterne?

Die ersten Entdecker hatten noch keinen Kompass, um die Himmelsrichtungen zu bestimmen. Stattdessen orientierte man sich an den Sternen. Am Tag richteten sich Reisende nach der Sonne.

● Im 15. Jahrhundert benutzten Seefahrer einen Gradstock, um sich auf hoher See zurechtzufinden. Mit dem Stabende wurde ein Stern angepeilt und entlang des Stabes ein Querholz verschoben, bis seine beiden Enden Stern und Horizont zu berühren schienen. Auf der Skala des Hauptstockes las man dann den Stand des Querholzes ab und errechnete anhand von Tabellen die Position des Schiffes.

● Der Kompass ist eine chinesische Erfindung. Schon vor mehr als 1 000 Jahren nutzten ihn chinesische Seeleute auf ihren Reisen.

● Die ersten Entdecker berechneten ihr Reisetempo auf See, indem sie die Zeit multiplizierten, die schwimmende Gegenstände brauchten, um vom Bug zum Heck ihres Schiffes zu treiben.

Wieso kamen früher Forscher oft vom Weg ab?

Die Weltkarten der Antike beruhten vor allem auf Vermutungen, da die Menschen damals noch nicht alle Erdteile kannten. Erst als im 16. Jahrhundert die ersten Weltumseglungen gelangen, wurden die Karten genauer.

● Viele Jahrhunderte lang orientierten sich europäische Kartenzeichner an der Weltkarte des griechischen Astronoms Ptolemäus aus der Zeit um 100 nach Christus.

Wann entdeckte der Osten den Westen?

Nach einer langen und gefährlichen Reise erreichte der chinesische Entdecker Chang Ch'ien im Jahr 127 vor Christus die Stadt Samarkand in Mittelasien. Er war der erste Chinese, der andere Länder erforschte und dabei auch westliche Kulturen wie die der Römer studierte.

● Kurz nachdem er zu seiner Reise aufgebrochen war, wurde Chang Ch'ien von Hunnen, den Feinden der Chinesen, gefangen genommen. Erst nach zehn Jahren gelang ihm die Flucht!

Wer segelte in Dschunken?

Das waren die Chinesen! Einer ihrer bekanntesten Entdecker hieß Zheng He. Im 15. Jahrhundert, zu Zeiten Zheng Hes, wirkten die europäischen Schiffe winzig neben den gewaltigen Dschunken.

● Zhengs Dschunken segelten bis nach Ostafrika und er brachte sogar eine Giraffe mit nach Hause.

Wer war 24 Jahre unterwegs?

Die Abenteuer des arabischen Entdeckers Ibn Battuta begannen 1325, als er seine Heimat Tanger in Marokko verließ, um nach Mekka zu pilgern. Dort packte ihn die Reiselust so sehr, dass er erst 1349 wieder heimkam!

● Später schrieb Ibn Battuta seine Reiseerinnerungen. Sein Gedächtnis war allerdings nicht das beste. Er beschrieb nämlich kegelförmige Pyramiden und Flusspferde mit pferdeähnlichem Kopf.

Woher hat die Seidenstraße ihren Namen?

● Der Seidenfaden stammt vom Kokon der Seidenspinnerraupe, die von den Blättern des Maulbeerbaumes lebt.

Nach Chang Ch'iens Reise folgten Händler viele Jahrhunderte lang seiner Wegbeschreibung, um wertvolle Handelswaren zwischen China und Europa auszutauschen. Weil Stoffe aus Seide zu den begehrtesten Waren aus China zählten, nannten die Europäer die Route schließlich Seidenstraße.

● Jahrhundertelang wussten nur die Chinesen, wie man Seide herstellt. Wer das Geheimnis verriet, wurde mit dem Tod bestraft.

● Um 550 sandte der römische Kaiser zwei Mönche als Spione nach China. Sie verbargen Eier des Seidenspinners in ihren hohlen Gehstöcken und schmuggelten die wertvollen Tiere außer Landes. Das Geheimnis war gelüftet!

Welche Italiener erreichten China?

Marco Polo war erst 17 Jahre alt, als er 1271 mit Vater und Onkel Venedig verließ, um nach Mittelasien zu reisen. Auf die Schiffsreise folgten beschwerliche Monate über Land. Die drei Reisenden waren die ersten Europäer, die bis an das Ende der Seidenstraße nach China gelangten.

● Niemand weiß, seit wann die Italiener Speiseeis herstellen. Vielleicht brachte Marco Polo das Rezept für Fruchteis aus China mit.

Wieso setzte Kolumbus die Segel?

Als Christoph Kolumbus 1492 von Spanien aus in See stach, hoffte er, einen westlichen Seeweg nach Indien und China zu finden. Man glaubte, dass der Seeweg sicherer und schneller sein würde als der Landweg über die Seidenstraße.

● Wie andere Europäer zu jener Zeit wusste auch Kolumbus nichts von Amerika und den Westindischen Inseln, die zwischen ihm und China aus dem Meer ragten.

War Kolumbus erfolgreich?

Kolumbus hat nie einen westlichen Seeweg entdeckt. Er wusste auch nicht, dass er den amerikanischen Kontinent erreicht hatte. Er glaubte, in einem Teil Asiens zu sein, und nannte die Inseln, auf denen er landete, Westindische Inseln.

Der erste Europäer, der Indien 1498 auf dem Seeweg erreichte, war Vasco da Gama. Anders als Kolumbus segelte er südlich um Afrika herum und hielt dann östlichen, nicht westlichen Kurs.

Wie sah das Leben an Bord aus?

Gewöhnliche Matrosen aßen und schliefen auf den nackten Planken des Decks. Es gab keine Tische oder Betten und das Leben auf See war sehr hart.

Auf den Westindischen Inseln sahen Kolumbus' Seeleute die Einheimischen in Hängematten schlafen. Diese Erfindung ahmten sie nach – für etwas mehr Bequemlichkeit an Bord.

Wo lag Neufrankreich?

Im Jahr 1534 segelte der französische Entdecker Jacques Cartier zum Golf von St. Lorenz im heutigen Kanada. Er erklärte sofort den Anspruch Frankreichs auf das Gebiet. Es hieß von da an Neufrankreich.

Wer folgte den Spuren der Entdecker?

Die Einwanderer. Im November 1620 landete ein Schiff namens *Mayflower* in der heutigen Cape-Cod-Bucht im amerikanischen Massachusetts. An Bord befanden sich 102 britische Siedler, die als „Pilgrims“ („Pilger“) in die Geschichte eingingen.

● Die Matrosen der *Mayflower* machten sich über die Siedler lustig, weil sie auf der langen Überfahrt ständig seekrank waren.

Wer überwand die Rocky Mountains?

Nordamerika ist ein riesiger Kontinent. Es dauerte fast 200 Jahre, bis wagemutige Abenteurer einen Weg über reißende Flüsse und die mächtigen Rocky Mountains fanden, um endlich den Pazifik an der Ostküste zu erreichen. Die Wegbereiter im Jahr 1805 hießen Meriwether Lewis und William Clark.

● Die Indianerin Sacajawea vom Stamm der Shoshonen half Lewis und Clark, indem sie ihnen als Vermittlerin wertvolle Dienste leistete.

Wie kam der Pazifik zu seinem Namen?

Der Portugiese Ferdinand Magellan umsegelte als Erster den amerikanischen Kontinent. 1519 überquerte er den Atlantik. Etwa ein Jahr später segelte er um die Spitze Südamerikas. Da das Meer auf der westlichen Seite des Kontinents viel ruhiger war als der Atlantik, taufte Magellan es „Pazifischer Ozean“, „friedliches Meer“.

● Magellan stach von Spanien aus mit fünf Schiffen und einer 240 Mann starken Besatzung in See. Nur drei Schiffe erreichten den Pazifischen Ozean.

● Den Pazifik zu überqueren, dauerte länger als Magellan berechnet hatte. Als die Vorräte an Bord zu Ende gingen, aßen die Männer Ratten, kauten Leder und sogar Sägespäne!

Wer umsegelte als Erster die Erde?

Diese Meisterleistung gelang Magellan auf seiner Expedition. Aber nur ein Schiff und 18 Seeleute kehrten 1522 nach Spanien zurück. Leider war Magellan selbst nicht unter ihnen. Er war ein Jahr zuvor auf den Philippinen getötet worden.

Was ist die Nordwestpassage?

So heißt der Seeweg hoch im Norden Kanadas, der um 1840 von dem britischen Forscher John Franklin entdeckt wurde. Allerdings starben er und seine Mannschaft auf der Reise durch die Passage, weil sein Schiff im Packeis stecken blieb.

Warum ist Doktor Livingstone berühmt?

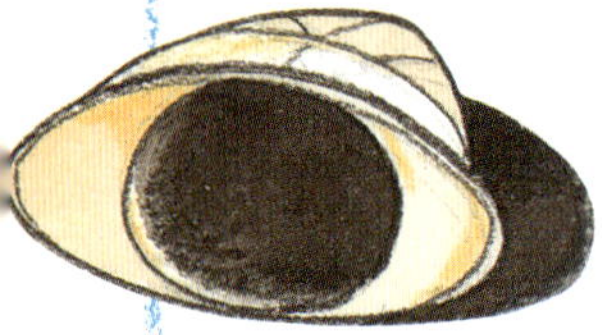

Mitte des 19. Jahrhunderts durchquerte der schottische Forschungsreisende Doktor Livingstone als erster Europäer den afrikanischen Kontinent von West nach Ost. Seine Aufsehen erregende Reise dauerte drei Jahre und machte ihn in seiner Heimat Großbritannien zur Legende.

Livingstone erblickte als erster Europäer die Tiefen der tosenden Victoriafälle des Flusses Sambesi.

Wer fand die Quelle des Nil?

Bis etwa 1860 wusste man in Europa nichts über die Quelle des längsten Flusses der Erde, des Nil. Der britische Entdecker John Hanning Speke bewies schließlich, dass der Nil dem riesigen Victoriasee in Afrika entspringt.

1864 standen Florence White Baker und ihr Ehemann Samuel als erste Europäer am Ufer des gewaltigen Albertsees.

Wieso trugen manche Entdecker Röcke?

Weil weibliche Entdecker immer Röcke trugen! Obwohl überwiegend Männer auf Forschungsreisen gingen, gab es auch einige Frauen, die dem Ruf des Unbekannten folgten. Zu ihnen gehörte die Britin Mary Kingsley. Sie verzichtete auf allen Luxus und reiste um 1890 nach Afrika, um dort Menschen und Tiere zu erforschen.

Mary Kingsley war die erste Europäerin, die den 4 090 Meter hohen Mount Cameroon bestieg, einen der höchsten Berge Afrikas.

Wer gab dem Känguru seinen Namen?

Der britische Kapitän James Cook landete als erster Europäer im Jahr 1770 an Australiens Ostküste. Es ist nicht überliefert, wie die Ureinwohner die seltsam hüpfenden Tiere des Landes nannten. Cook hörte aus der Sprache der Aborigines jedenfalls das Wort „Känguru“ heraus.

Wann entdeckten die Europäer das Wellenreiten?

Kapitän Cook und seine Leute sahen 1769 zum ersten Mal Eingeborene der Pazifikinsel Tahiti beim Wellenreiten.

● 1642 betrat der Holländer Abel Tasman als erster Europäer eine Insel vor der südöstlichen Küste Australiens. Noch heute heißt sie nach ihrem Entdecker Tasmanien.

● Viele Seeleute hatten damals Skorbut, eine Krankheit, die durch einen Mangel an Vitamin C entsteht. Auf Kapitän Cooks Schiff erkrankte trotz der langen Reise niemand an Skorbut, da es Orangen- und Zitronensaft sowie eingelegten Kohl gab.

Welche Abenteurer durchquerten Australien?

Robert Burke und William Wills waren die ersten Europäer, die Australien 1861 von Süd nach Nord durchquerten. Fast ein halbes Jahr dauerte der 3000 Kilometer lange Marsch durch die Trockenwüsten im Inneren des Kontinents.

● Burke und Wills hatten zwei Gefährten, Charles Gray und John King. Den Rückweg nach Süden schaffte nur King. Die drei anderen verhungerten in den endlosen kargen Weiten.

Wer fuhr auf der Beagle über das Meer?

Um 1830 starteten hervorragende Wissenschaftler mit dem Schiff *Beagle* zu einer Forschungsreise um die Welt. Damals hoffte man, nicht nur neue Pflanzen und Tiere zu entdecken, sondern auch neue Gegenden.

● Einer der erstaunlichsten Funde der *Beagle*-Forscher war die 1,2 Meter lange Riesenschildkröte der Galapagosinseln.

● Zu den bekanntesten Wissenschaftlern auf der *Beagle* gehörte der Evolutionsforscher Charles Darwin.

Wieso waren manche Forscher auch Künstler?

Bevor es Fotoapparate gab, mussten die Forscher ihre Beobachtungen aufzeichnen. Begabte Zeichner gehörten zu den wichtigsten Mitgliedern früher Forschungsreisen.

Welche Forscher tauchten bis zum tiefsten Punkt?

Der Schweizer Jacques Piccard und der Amerikaner Don Walsh tauchten im Januar 1960 als Erste zum tiefsten Punkt der Erde, dem Marianengraben, 11000 Meter unter der Oberfläche des Pazifiks.

Gibt es rauchende Schlote unter Wasser?

Seit den 1960er-Jahren haben Taucher immer wieder erstaunliche Entdeckungen gemacht. Darunter auch Unterwasser-Schlote, aus denen rauchfarbenes Wasser aus den Tiefen unter dem Meeresboden quillt!

Welcher Entdecker erreichte als Erster den Nordpol?

Gleich zwei Amerikaner beanspruchten diesen Erfolg für sich – Frederick Cook im Jahr 1908 und Robert Peary 1909. Niemand weiß, ob einer der beiden tatsächlich den Nordpol erreichte. Pearys Geschichte glaubt man heute eher.

Peary wurde auf seiner Expedition von seinem Freund Matthew Henson und vier Inuit begleitet.

Wer gewann das Wettrennen zum Südpol?

1911 lieferten sich zwei Mannschaften unter dem norwegischen Forscher Roald Amundsen und dem Briten Robert Scott ein Rennen zum Südpol. Amundsens Gruppe brauchte für die 1300 Kilometer lange Strecke 56 Tage und gewann am 14. Dezember 1911.

Scotts Team erreichte den Südpol schließlich am 17. Januar 1912. Tragischerweise starben die fünf Männer auf dem Rückweg an Hunger und Kälte.

Wer sind die besten Gefährten der Polarforscher?

Kräftige Husky-Schlittenhunde sind im extremen Klima der Polarregionen unverzichtbar. Es waren Huskys, die Amundsens Team zum Sieg verhalfen. Die Norweger hatten 52 Schlittenhunde, die Zelte, Nahrung und andere Vorräte zogen.

● Das britische Team spannte Ponys vor seine Schlitten. Diese vertrugen die Kälte nicht und die Männer mussten ihre Schlitten selbst ziehen.

Wer waren die ersten Menschen im Weltall?

Das erste Tier im Weltall war eine Hündin namens Laika im Jahr 1957.

Der Russe Juri Gagarin hielt sich im April 1961 als erster Mensch im Weltraum auf. Als erste Frau folgte im Juni 1963 die Russin Walentina Tereschkowa.

Juri Gagarin

Walentina Tereschkowa

Wer landete als Erster auf dem Mond?

Die ersten Menschen, die einen anderen Planeten betraten, waren die Amerikaner Neil Armstrong und Buzz Aldrin. Sie landeten 1969 auf dem Mond.

Was gibt es heute noch zu entdecken?

Wir können auf der Erde noch immer viele Entdeckungen machen. Die Tiefen der Ozeane und die eisigen Pole bergen noch so manches Geheimnis. Die größten noch ungelösten Rätsel finden wir jedoch jenseits unseres Planeten. Für die Entdecker von heute ist der Weltraum die letzte Grenze!

● Da es sehr teuer und gefährlich ist, Menschen ins All zu befördern, setzt man stattdessen meist Roboter ein. Seit 1997 sind zum Beispiel drei vollautomatische Erkundungsfahrzeuge auf dem Mars gelandet.

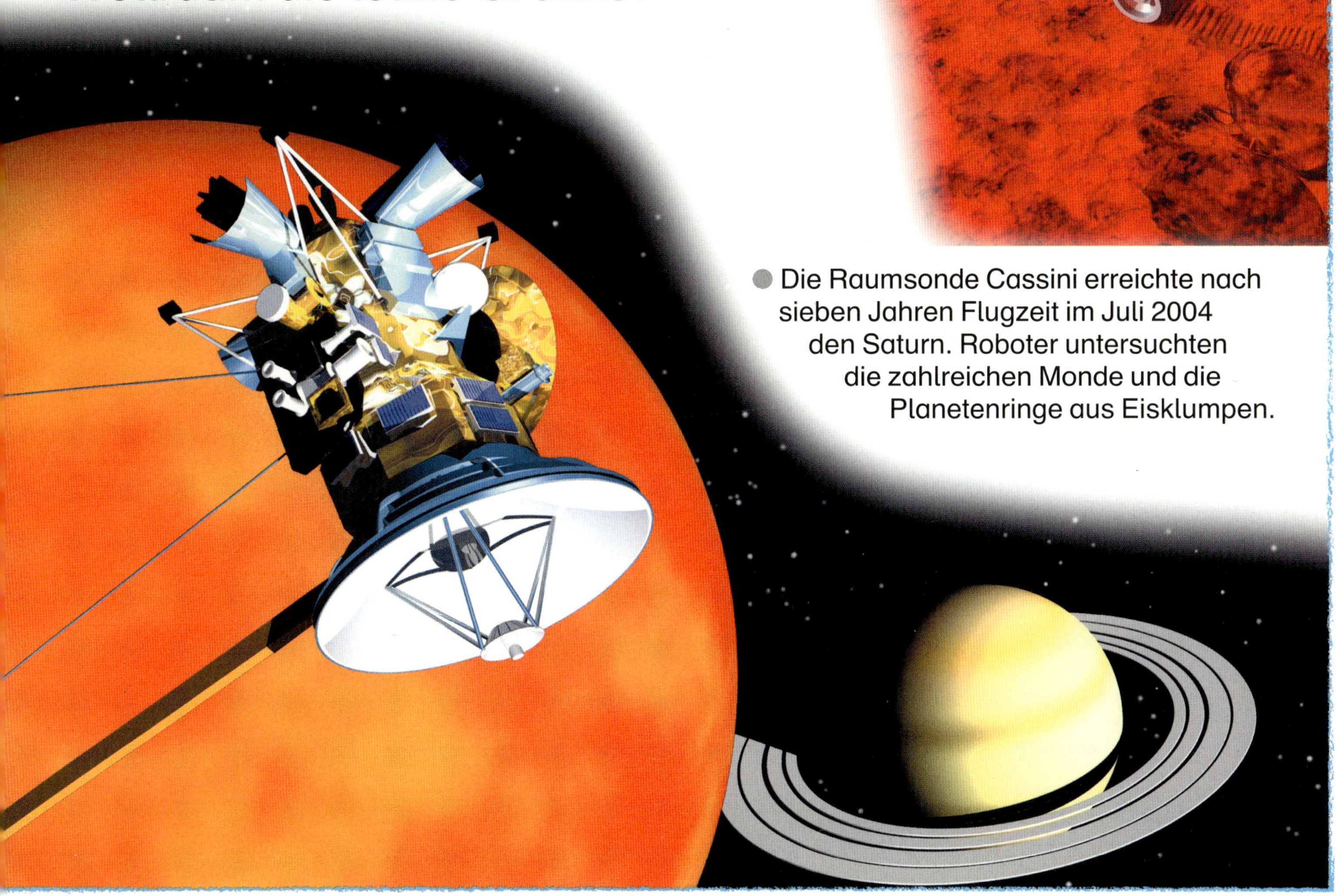

● Die Raumsonde Cassini erreichte nach sieben Jahren Flugzeit im Juli 2004 den Saturn. Roboter untersuchten die zahlreichen Monde und die Planetenringe aus Eisklumpen.

Wie entsteht eine Erfindung?

Ein Erfinder erkennt die Notwendigkeit, ein Problem zu lösen und lässt sich etwas einfallen. So fiel etwa einem findigen Menschen auf, wie unpraktisch große Regenschirme sind und er erfand den faltbaren Minischirm.

● Schon morgens, wenn du aufwachst, bist du von vielen Erfindungen umgeben, die das Leben einfacher und angenehmer machen – wie Kissen, Glühbirnen oder Müsli.

● Selbstklebende Notizzettel sind eine Zufallserfindung. Als ein Klebstoff entwickelt wurde, blieb das festgedrückte Stück Papier einfach nicht haften. Man konnte es immer wieder abziehen und neu aufkleben.

● Einige Erfindungen entstanden aus Spaß am Spiel, wie etwa die Frisbee-Scheibe: Kunden des Bäckers Joseph Frisbie fingen an, die Deckel der Tortendosen als runde Wurfscheiben im Park zu benutzen.

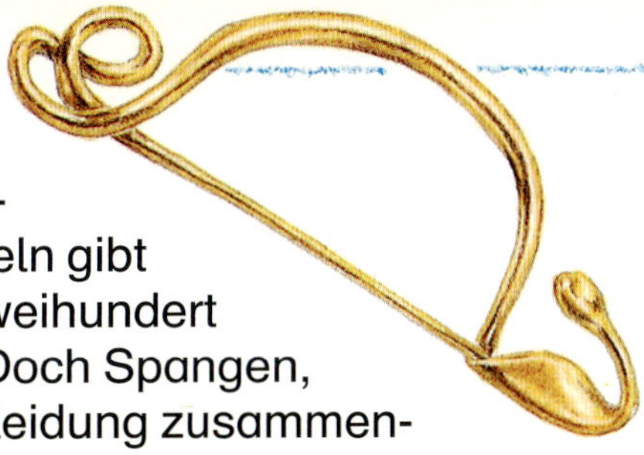

Sicherheitsnadeln gibt es seit zweihundert Jahren. Doch Spangen, die die Kleidung zusammenhalten, gab es bereits im alten Ägypten – der Erfinder hat diese Idee aufgegriffen.

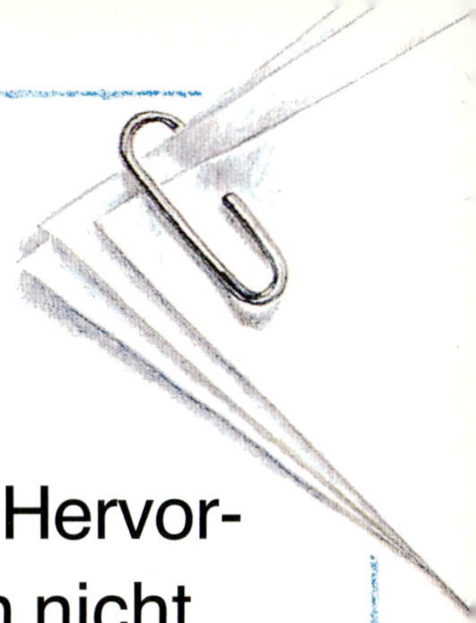

Was ist eine Erfindung?

Eine Erfindung ist etwas neu Hervorgebrachtes, etwas, das man nicht kannte, bevor es jemand erfunden hat – wie die Büroklammer. Dinge wie Kohle oder Gummi dagegen waren schon immer vorhanden und mussten nur entdeckt werden.

Als die Menschen entdeckten, dass Gummibäume einen milchigen Saft enthalten, machten sie daraus Gummi. Erst später wurden Gummireifen für Autos und Fahrräder erfunden.

Wie kommt ein Erfinder auf eine Idee?

Ein Erfinder holt sich hier und da Anregungen, zum Beispiel aus der Tier- und Pflanzenwelt, aus anderen Ländern oder aus der Vergangenheit. Die wenigsten Ideen fallen einfach so vom Himmel.

Da Klettensamen hakenförmig gebogene Spitzen haben, bleiben sie leicht haften. Ein findiger Ingenieur setzte diese Entdeckung um und entwickelte den Klettverschluss.

Wer erfand den Lippenstift?

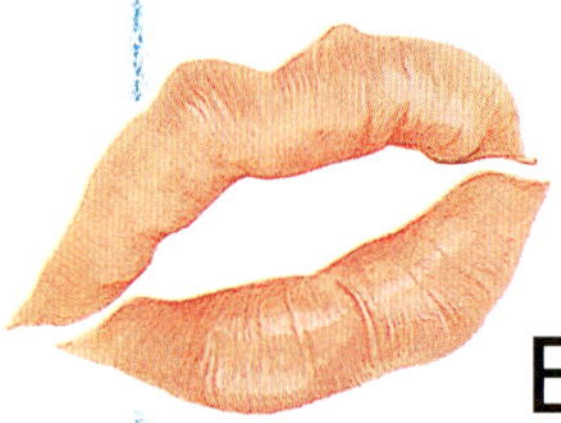

Wissenschaftler veröffentlichten 1915 eine kleine Erfindung, die große Erfolge feierte: einen cremig weichen Buntstift in einer Hülle, den man herausdrehen und damit im Nu benutzen konnte – den ersten Lippenstift.

Die Frauen im alten Ägypten kannten zwar keinen drehbaren Lippenstift, ihre Lippen schminkten sie aber auch damals. Sie mischten dafür goldgelbe Tonerde mit Baumsaft.

Wer trug Zahnersatz aus Nilpferdzähnen?

Vor rund 2500 Jahren fertigten unsere Vorfahren aus Elfenbein oder Knochen dritte Zähne. Neben menschlichen Knochen waren auch Nilpferdknochen gebräuchlich. Leider wurden die falschen Zähne schnell braun und verfaulten.

● Vor der Erfindung des Lippenstifts kam die Farbe aus der Dose. Die bunte Palette aus Pasten war mit Pflanzenfarbstoffen wie Grapefruitsaft getönt.

● Ein französischer Friseur vernetzte eine Videokamera mit einem Computer und konnte so seinen Kunden zeigen, wie sie mit einer ganz neuen Frisur aussehen würden!

Wer erfand das Pflaster?

Earl Dickson erfand das Pflaster für seine Frau, die sich häufig bei der Küchenarbeit schnitt. Er heftete kleine Stoffschnipsel an ein Stück Klebeband und bedeckte alles, damit der Klebstoff nicht austrocknete. Wenn seine Frau sich nun verletzte, konnte sie schnell ein Pflaster aufkleben.

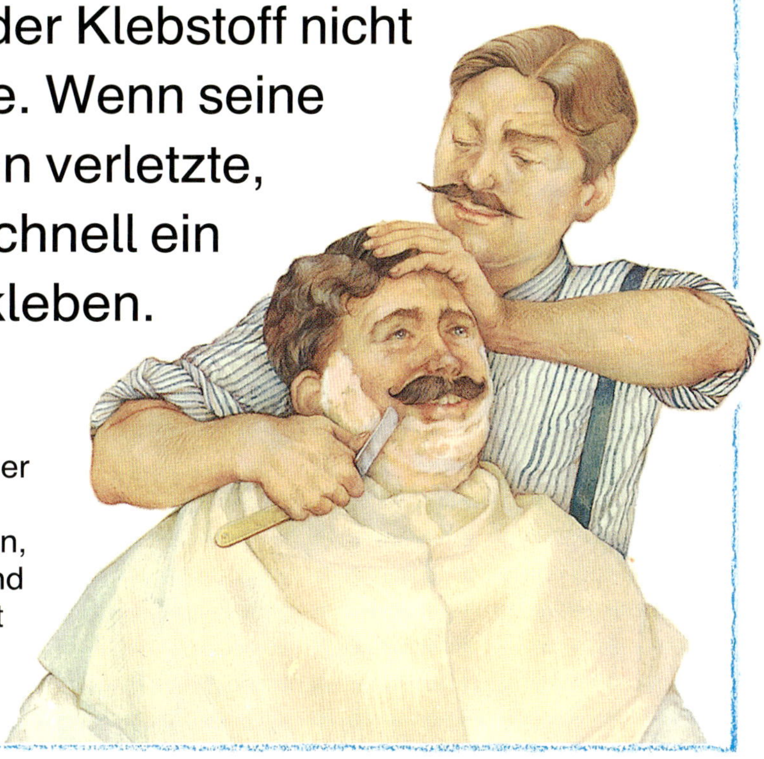

● Bevor King Camp Gillette 1895 die sicheren Rasiermesser erfand, rasierten sich die Männer mit großen, scharfen Klingen – und hofften, dass sie nicht abrutschten!

Wo gab es das erste Wasserklosett?

Vor vierhundert Jahren baute Sir John Harrington für seine Großmutter, Königin Elizabeth I., die erste Toilette mit einer Wasserspülung. Da damals aber kaum ein Haushalt über Wasserleitungen verfügte, blieb der Nachttopf weiterhin in Gebrauch.

- Das Problem bei dieser Dusche aus dem 19. Jahrhundert war, dass man das Wasser selbst mit den Füßen pumpen musste. Kein Wunder, dass sich dieses Modell nicht durchsetzte!

- Vor rund 100 Jahren waren Wasserklosetts Luxus. Häufig waren sie wunderschön verziert – mit Obst, Blumen, Tieren oder Muscheln.

Wann gab es die ersten Bäder?

In der Antike wusste man ein Bad sehr wohl zu genießen. Doch mit der Zeit kamen Bäder aus der Mode und viele Leute wuschen sich sogar nie, sondern benutzten Parfüms, um den Körpergeruch zu überdecken.

Die ersten Zahnbürsten fertigten die Chinesen vor rund 500 Jahren aus Schweineborsten. Zum Glück für die Schweine wurde in den 30er-Jahren die Nylonbürste erfunden!

Wie halfen Pferde beim Staubsaugen?

Der erste Staubsauger wurde von Pferden gezogen! Man stellte ihn wegen des stinkenden Benzinmotors auf einen Pferdewagen vor das Haus und saugte den Schmutz über Rohre durch die Fenster hinaus. Das war ein Riesenspektakel, zu dem man gerne Freunde einlud.

Wer erfand die Regenjacke?

Regenkleidung ist heute vor allem aus PVC, einem plastikverstärkten Material, das in vielen Farben hergestellt werden kann.

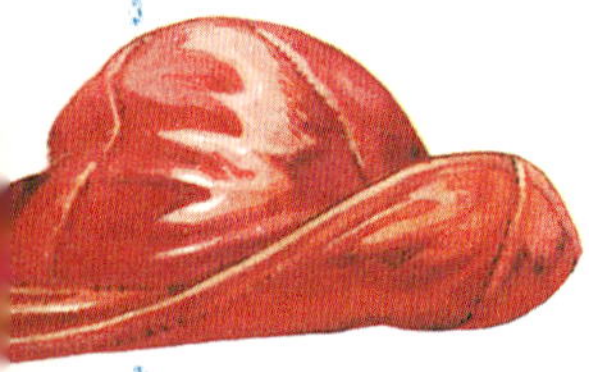

Die erste wasserdichte Jacke fertigte Charles Macintosh 1823. Eine Gummilage, die er zwischen zwei Baumwollbahnen vernähte, machte den Stoff wasserfest. Die Jacken ließen zwar keine Nässe durch, waren aber tonnenschwer und rochen scheußlich, wenn sie nass wurden!

In Schottland regnet es so oft, dass die Bauern in den Bergen sogar ihren Schafen Regenmäntel kaufen.

Warum haben Reißverschlüsse Zähne?

Ohne Zähne könnte man einen Reißverschluss weder auf- noch zuziehen. Mit einem Schieber werden die beiden Zahnreihen ineinander- oder auseinandergezogen. Der Reißverschluss wurde 1891 erfunden.

● Die ersten Jeans machte Levi Strauss als Arbeiterhose für die Goldsucher in Amerika. Das strapazierfähige, blaue Baumwollgewebe, das man heute Denim nennt, wurde ursprünglich zur Herstellung von Zelten verwendet.

Macht Kleidung fit?

Heute kann man Strumpfhosen kaufen, die voller Vitamine stecken, wie sie sonst nur in frischem Obst und Gemüse vorhanden sind, und die Gesundheit fördern.

● Das Gummiband erfand Thomas Hancock 1820. Er wollte damit Taschen umsäumen, um Langfinger fernzuhalten. Erst später kam man darauf, dass es auch als Hosenträger zu gebrauchen ist.

Wie kühlte man früher Lebensmittel?

Der elektrische Kühlschrank wurde 1920 erfunden. Davor bewahrte man Lebensmittel im „Eisschrank“ auf, einem Speiseschrank aus Holz, in dem Eisblöcke lagen.

● Coca-Cola war ursprünglich keine sprudelnde Brauselimonade, sondern ein Sirup, den der amerikanische Apotheker John Pemberton 1885 braute. Erst später gab man Mineralwasser hinzu.

Wer röstete die Cornflakes?

Die Brüder Will und John Kellogg erfanden die Cornflakes aus purem Zufall, als sie eine neue Brotsorte herstellen wollten. Sie rollten gekochten Weizen zu einem Teig aus, den sie in einer Pfanne rösteten. Der Teig zerfiel und die gerösteten Brösel schmeckten himmlisch!

● Der Eismann kam mehrmals pro Woche und lieferte riesige Eisblöcke für den Eisschrank.

● Früher bauten die Menschen natürliche Kühlschränke, indem sie Höhlen und Gruben im Winter mit einer dicken Schneedecke auslegten. Diese Eishäuser dienten während der Sommermonate als Kühllager für Lebensmittel.

● 1853 wurden die Kartoffelchips erfunden, als ein Gast in einem Restaurant extra dünne Pommes frites bestellte.

Wer erfand den Strohhalm?

An einem heißen Sommertag bastelte Marvin Stone den ersten Trinkhalm aus Papier. Ihm war aufgefallen, dass kaum einer an sein Glas fasste, um das Getränk nicht zu erwärmen. Stattdessen schlürfte man sein Getränk durch einen hohlen Grashalm.

Woher kommt der Name Teddybär?

Teddybären sind nach dem amerikanischen Präsidenten Theodore Roosevelt benannt, der den Kurznamen Teddy trug. Eines Tages brachte er es auf der Jagd nicht übers Herz, ein Bärenjunges zu töten. Das brachte einen Süßwarenhändler auf eine Idee: Er gab seinen Laden auf und fertigte fortan Plüschbären, die er Teddy nannte.

● Bausteine wie Lego oder Duplo sollen Kinder zum kreativen Spielen anregen. Mit den vielen verschiedenen Bausätzen sind der Fantasie keine Grenzen gesetzt.

● Karten spielen wurde vor über 1 000 Jahren in Asien erfunden.

Welches Spielzeug ist 6 000 Jahre alt?

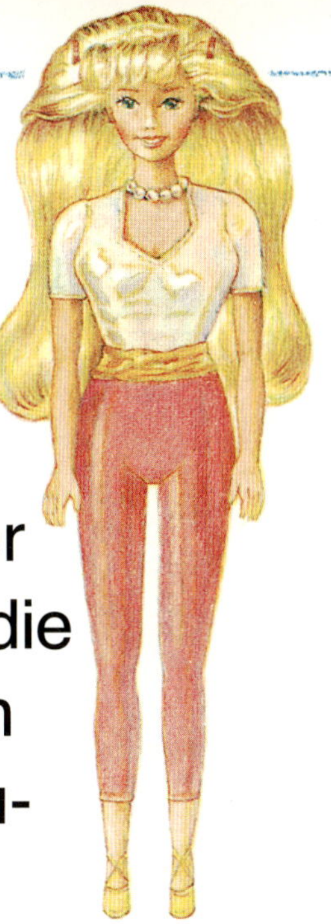

Das älteste Spielzeug überhaupt ist vermutlich die Puppe. Die Kinder im alten Rom spielten mit Puppen, die sie aus Lumpen bastelten. Puppen wurden aus verschiedenen Materialien gefertigt – aus Holz, Wachs, Papier, Porzellan und Plastik.

● Barbie war 1959 die erste Puppe, die einem Frauenkörper nachgebildet war.

Wann gab es die ersten Heimcomputerspiele?

Die ersten Spiele für den Heimcomputer kamen 1974 auf den Markt. Verglichen mit heutigen Spielen waren sie noch nicht sonderlich spannend: Man spielte mit einem Schläger einen Ball hin und her.

Wer punktet mit Korbwürfen?

Die ersten Basketballspieler verwendeten alte Obstkörbe als Tore. Das Spiel erfand der Trainer James Naismith vor rund 100 Jahren, als er sich ein spannendes Hallenspiel für kalte Winterabende ausdachte.

Warum sind Sportschuhe elastisch?

Sportschuhe haben elastische Sohlen aus Gummi mit kleinen Luftkammern. Bei jedem Schritt wird der Gummi zusammengedrückt und wieder abgefedert. Das unterstützt die Bewegung und man kann schneller rennen.

● Gegen Ende des 19. Jahrhunderts war Rollschuhlaufen ganz groß in Mode. Am Pariser Ballett tanzten sogar die Ballerinas mit Rollschuhen!

● Früher mussten die Basketballspieler auf eine Leiter steigen, um den Ball nach einem Treffer aus dem Korb zu holen. Heute ist das Korbnetz unten offen.

Wer erfand Schlittschuhe für den Sommer?

Bevor es Kunsteisbahnen gab, konnte man nur im Winter und im Freien Schlittschuh laufen. Dann hatte jemand die Idee, Schlittschuhe für den Sommer zu bauen. Statt der Kufen wurden kleine Räder auf die glatte Sohle montiert und fertig war der Rollschuh!

● Der Jet-Ski kam erstmals 1979 in Japan auf den Markt. Jet-Skifahrer dürfen auf keinen Fall in die Nähe von Badenden kommen. Die neuesten Modelle erreichen Geschwindigkeiten von bis zu 105 Stundenkilometern.

Wie sahen die ersten Autos aus?

Die ersten Autos waren Dampfmaschinen auf Rädern – dröhnende Ungetüme, vor denen man richtig Angst bekommen konnte. Doch bald fuhren die Dampfautos schneller und waren wendiger. Rund 30 Jahre lang waren sie in Gebrauch, bis sie von schnelleren Autos mit Benzinmotoren abgelöst wurden.

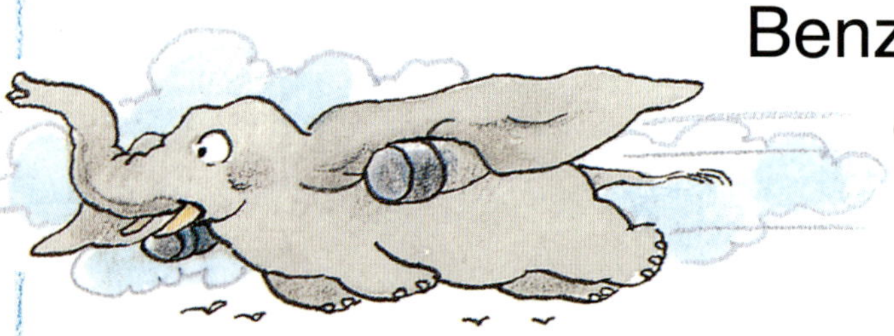

In den 1930er-Jahren konnte ein Flugzeug nur 20 Passagiere befördern. In den Jumbojets der 1970er-Jahre fanden bis zu 500 Menschen Platz und bald werden in den neuen Superjumbos 850 Passagiere reisen können.

Welches Schiff wird von Luft getragen?

Das Luftkissenfahrzeug wurde 1959 von Christopher Cockerell erfunden. Er entdeckte, dass ein Schiff, das durch ein Luftkissen über die Wellen gehoben wird, viel schneller vorwärtskommt.

● Das Hochrad wurde in den 1860er-Jahren erfunden. Es hatte zwei Räder – ein sehr großes Vorderrad und ein winzig kleines Hinterrad.

● Jeder weiß, dass Sicherheitsgurte zum Anschnallen da sind. Aber wusstest du auch, dass du damit deinen Hund oder deine Katze absichern kannst? Also – bitte anschnallen!

● Die ersten Autos durften nicht schneller als drei Stundenkilometer fahren! Außerdem musste vor dem Auto ein Fahnenträger gehen, um andere Verkehrsteilnehmer zu warnen.

Welche Räder haben Segel?

Die schnellsten Rennräder haben Kompakträder und einen flachen Rahmen, was die Wirkung eines Segels erzeugt. Während des Fahrens fangen Räder und Rahmen den Wind ein und schieben das Rad an. Doch der Großteil der Kraft überträgt sich nach wie vor über die Pedale.

Passen 1000 Bücher in eine Tasche?

Auf einer CD-ROM – einer kleinen Plastikscheibe, die nicht dicker als ein Fingernagel ist und problemlos in eine Tasche passt – ist Platz für rund 1 000 Märchenbücher. Die CD-ROM speichert Wort, Bild und Ton, kann aber nur über einen Computer abgespielt werden.

● Die alten Ägypter gehörten zu den ersten Völkern, die mit Tinte schrieben – einem Gemisch aus Ruß und klebrigem Baumsaft.

● Wie die Dinosaurier werden bald auch die Schreibmaschinen ausgestorben sein. 1873 waren sie die Neuerfindung schlechthin. Heute jedoch werden sie fast alle durch PCs und Textprogramme ersetzt.

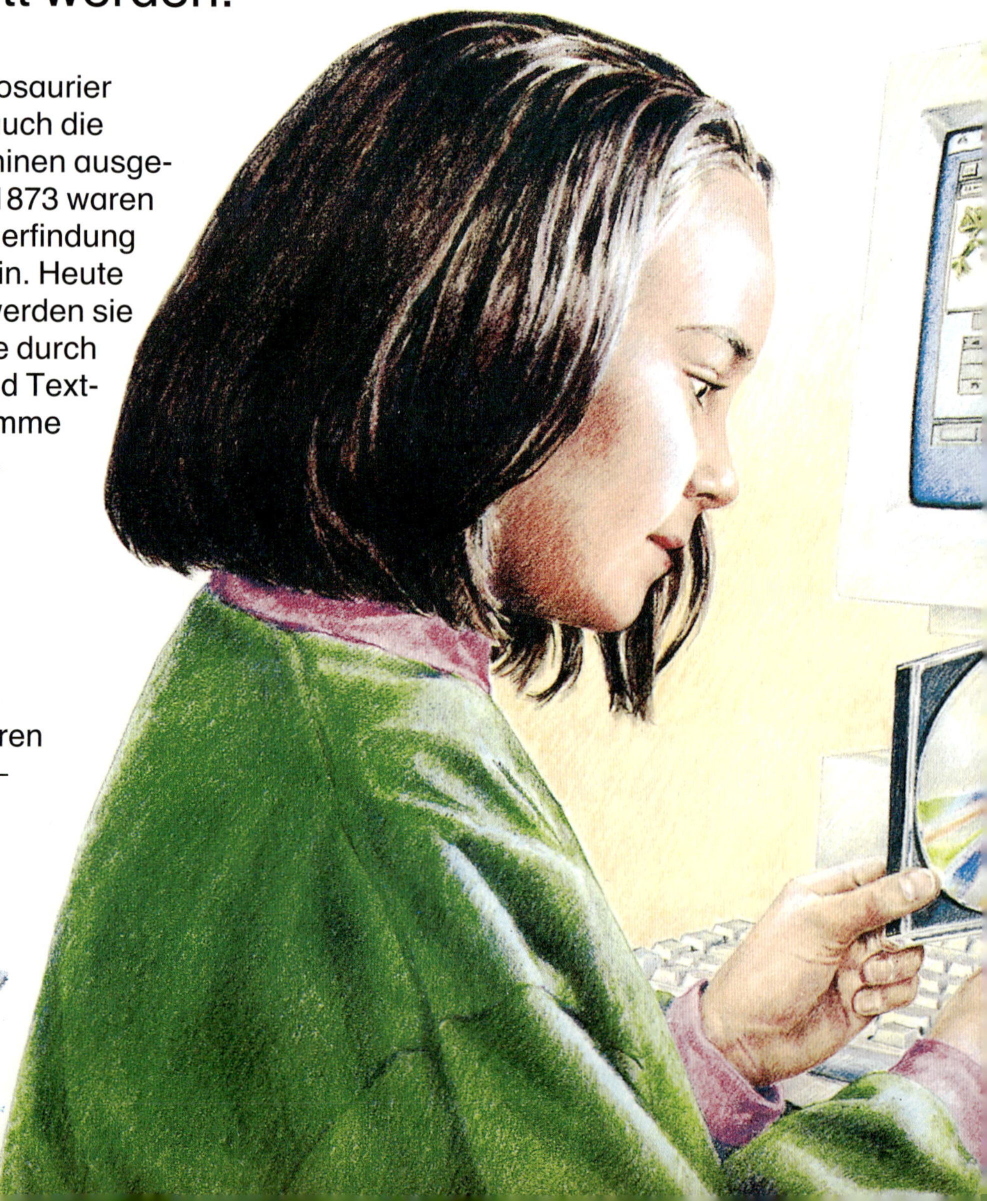

● Filzstifte kamen 1962 in Japan auf den Markt. Sie sollten zu einer schöneren Handschrift verhelfen – wie Pinselstriche in der japanischen Kalligrafie.

● Moderne Taschenrechner rechnen heute schneller, als man Zahlen eingeben kann. Sie sind so leistungsstark wie die riesigen Computer der 1960er-Jahre.

Welcher Computer war so groß wie ein Bus?

Der erste Computer war viermal so lang wie ein Bus und trug den Namen „Koloss“. Er wurde in Großbritannien gebaut und 1943 in Betrieb genommen. Er wurde während des Krieges dazu eingesetzt, militärische Geheimcodes zu knacken.

Wer war Herr Biro?

1938 erfand Ladislao Biro den Kugelschreiber. Die Tinte fließt durch eine Mine zu einer Schreibspitze mit einer frei beweglichen Kugel und wird so gleichmäßig auf das Papier aufgetragen. Biro nannte seine Erfindung Kugelschreiber, doch in manchen Ländern heißt der Stift Biro!

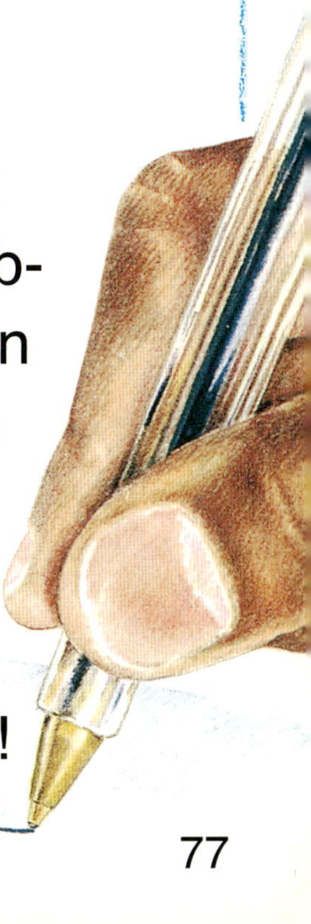

Wie lange dauert ein Foto?

● Gegen Ende des 19. Jahrhunderts dauerte eine Fotoaufnahme so lange, dass die Posierenden eine Sitzstütze brauchten, um stillhalten zu können!

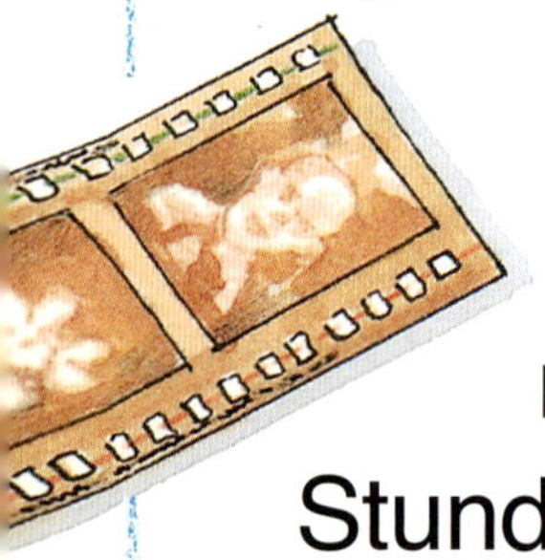

1822 gelang dem Franzosen Joseph Niépce die erste Fotografie. Erst nach einer Belichtungszeit von acht Stunden wurde das Bild auf einer beschichteten Zinnplatte sichtbar. Die Aufnahme zeigte die Aussicht aus seinem Arbeitszimmer.

● Polaroid-Kameras entwickeln ein Bild in Sekundenschnelle – für Niépce damals unvorstellbar!

Rosarotes Fernsehen?

Auf dem ersten Fernseher flimmerte das Bild leuchtend rosa und verschwommen! Kein Wunder, denn der Erfinder, John Logie Baird, baute das Gerät aus Krimskrams zusammen – darunter eine Fahrradlampe und eine Stricknadel.

Das kleinste Radio der Welt ist ungefähr so groß wie eine Erbse.

Wer erfand den Walkman?

Ein Walkman ist ein kleiner Stereorekorder mit Kopfhörern, der so leicht ist, dass man ihn überall mit hinnehmen kann. Die Elektronikfirma Sony entwickelte ihn 1979 in Japan.

1878 wurden in einer amerikanischen Kleinstadt die ersten Telefone an ein Netz angeschlossen. Damals konnten anfangs nur 20 Haushalte miteinander telefonieren.

Wie erlebt man virtuelle Welten?

Wenn du einen Datenhelm für virtuelle Welten aufsetzt, betrittst du eine Fantasiewelt. Du kämpfst gegen einen Dinosaurier oder bist bei Außerirdischen zu Besuch. Alles wirkt echt, doch in Wirklichkeit erlebst du eine vom Computer erzeugte Welt.

● Jeder kann ein Erfinder sein! Was würdest du gerne erfinden?

● Wenn du die Knöpfe in einem speziellen Datenhandschuh drückst, verändert der Computer die Bilder, die du siehst und die Töne, die du hörst.

Wissenschaftler machen Versuche mit Obst und Gemüse, um praktische und leckere Lebensmittel zu erzeugen. Vielleicht gibt es ja eines Tages viereckige Tomaten, die man einfach in ein Regal stapeln kann.

Gibt es auf dem Mars Insekten?

Ja, die gibt es tatsächlich! Wissenschaftler haben Roboter entwickelt, die den Mars erforschen. Die Roboter haben sechs Beine, sehen aus wie riesige Insekten und sind unter anderem auf Wassersuche programmiert. Das Wasser ist allerdings nicht für sie bestimmt, sondern für uns Menschen – falls wir je auf dem Mars leben sollten!

Vielleicht haben bald alle Autos einen Computer, der die Fahrtroute errechnet, Staus auf der Strecke meldet und eine Ausweichstrecke vorschlägt.

Land und Leute

Was ist ein Land?

Ein Land ist ein unabhängiger Staat mit einer eigenen Regierung. Die Landesbewohner müssen die Gesetze des Landes einhalten. Jedes Land hat einen bestimmten Namen. Seine Grenzen werden in der Regel von allen anderen Nationen anerkannt.

● Jeder Staat besitzt sein eigenes Geld – die sogenannte Landeswährung. In vielen europäischen Ländern kann man seit einigen Jahren mit nur einer Währung bezahlen, dem Euro.

● Länder haben auch eigen
Briefmarken. Darauf ist oft e
Staatsoberhaupt abgebildet
aber auch heimische Tiere
oder die Darstellung einer
bedeutenden Entdeckung.

● Bei festlichen Umzügen oder einem großen Sportereignis schwenken die Menschen ihre Nationalflagge.

Welchen Zweck haben Flaggen?

Jedes Land besitzt als eine Art Erkennungszeichen eine eigene Nationalflagge. Jede Flagge sieht anders aus. Manche zeigen bunte Streifen, andere Sterne oder religiöse Zeichen wie das Kreuz oder den Halbmond. Bei besonderen Anlässen wird die Flagge als Symbol für das Land und seine Bewohner gehisst.

● Jedes Land hat ein eigenes Lied, die Nationalhymne. Die Landesbewohner singen sie mit Stolz und erinnern damit an die eigene Herkunft und Geschichte.

Wozu brauchen Ärzte den Wald?

Die Völker des Regenwaldes kennen schon lange die heilende Wirkung von Pflanzen, und die moderne Medizin hat daran großes Interesse. Eukalyptusöl hilft bei Husten und das Madagaskar-Immergrün kann sogar Krebs bekämpfen.

● Etwa jedes vierte Medikament, das heute von den Ärzten verschrieben wird, stammt von Pflanzen aus dem Regenwald.

Welche Lebensmittel kommen aus dem Dschungel?

Avocado, Banane, Mango, Mais Ananas und Süßkartoffel kommen ursprünglich aus dem Regenwald. Übrigens auch der Kakaobaum, ohr den wir keine Schokolade naschen könnten!

Wo wachsen Kaugummi-Bäume?

Vor mehr als 1 000 Jahren entdeckte das Volk der Maya in Zentralamerika den klebrigen, milchigen Saft des Sapodilla-Baumes. Der Rindensaft wird noch heute zur Herstellung von Kaugummi verwendet.

● Auch der Kautschukbaum, aus dessen Milchsaft Latex hergestellt wird, stammt aus den Regenwäldern Amerikas. Forschungsreisende aus Europa waren verblüfft, dass die zähe Gummimasse, um die Füße gewickelt, den Ureinwohnern sogar als „Schuh“ diente.

Wo wird mit dem Pinsel geschrieben?

● Die Kunst des Schönschreibens nennt man Kalligrafie. Japaner erlernen die Kalligrafie bereits in der Schule.

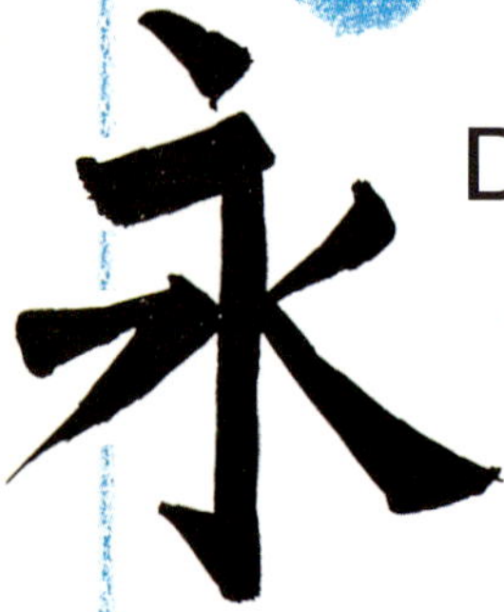

Die Schönschrift wird in China und Japan als Kunstform gepflegt. Statt mit dem Füller schnell auf ein Blatt zu kritzeln, werden die Worte sorgfältig mit Pinsel und Tinte gemalt. Oft hängen die Künstler ihre Werke als Bild an die Wand.

● Die chinesische Sprache besteht aus etwa 50 000 verschiedenen Schriftzeichen. Zum Glück müssen Schulkinder nur etwa 5 000 davon beherrschen.

Wo liest man die Bücher von hinten?

Arabisch und Hebräisch gehören zu den Sprachen, die man von rechts nach links liest. Wäre dies ein arabisches Buch, wäre somit auch die erste Seite ganz hinten.

Welches Land kennt mehr als 800 Sprachen?

In Papua-Neuguinea werden viele Sprachen gesprochen. Dort leben die Menschen weit voneinander entfernt im Regenwald oder in kleinen Bergdörfern. Sie haben selten Kontakt miteinander und deshalb verschiedene Sprachen entwickelt.

● In weiten Teilen Papua-Neuguineas können sich die Menschen nur mithilfe eines Übersetzers verständigen.

● Weltweit gibt es etwa 5 000 Sprachen. Hier ein paar Beispiele, wie man anderswo „Hallo“ sagt:

Swahili Hindi Spanisch Polnisch Holländisch

● In Neuseeland gibt es einen Ortsnamen mit nicht weniger als 85 Buchstaben; in Frankreich kommt ein anderer dagegen mit nur einem einzigen Buchstaben aus!

Welches Gericht kannte man bereits in der Steinzeit?

● Überall auf der Welt werden Getreidekörner gemahlen um daraus Mehl zu gewinnen.

Schon Steinzeitmenschen wussten, wie man Pfannkuchen zubereitet. Das Grundrezept aus Milch, Eiern und Mehl ist auf der ganzen Welt gleich. Nur das Mehl ist von Ort zu Ort verschieden. Pfannkuchenmehl wird aus Kartoffeln, Mais, Weizen oder Hafer gewonnen.

● In den verschiedenen Teilen der Erde landet fast alles auf dem Teller, was man sich vorstellen kann – knusprige Insekten oder zähe Schnecken, Schlangen, Meerschweinchen und sogar Schafsaugen!

Wo isst man Muscheln, Würmer und Schmetterlinge?

● Tischmanieren sind eine Frage des Ortes. Briten halten aufgestützte Ellenbogen für schlechtes Benehmen, während Franzosen das bei Tisch vollkommen in Ordnung finden.

Bei uns! So heißen nämlich die italienischen Nudelsorten Conchiglie, Vermicelli und Farfalle auf Deutsch. Der Nudelteig wird aus Mehl und Wasser geknetet, in Form geschnitten und in heißem Wasser gekocht. Mit einer schmackhaften Soße und geriebenem Käse schmecken Nudeln einfach köstlich!

Vermicelli

Farfalle

Conchiglie

● Es gibt über 100 verschiedene Nudelsorten. Manche sehen aus wie Muscheln, andere wie Schnecken oder wie Buchstaben.

Wo dauert Teetrinken den halben Tag?

Chanoyu heißt die traditionelle Teezeremonie in Japan. Sie dauert Stunden, denn der Tee wird dabei von einem Teemeister sorgfältig zubereitet und mit aller Ruhe getrunken. Es ist also besser, seinen Durst schon vorher zu stillen!

Wo tragen auch Frauen einen Männerhut?

● Der höchstgelegene See der Welt ist der Titicaca in den Anden. Dort rudern die Menschen mit Schilfrohrbooten von Insel zu Insel.

In den Anden, einer südamerikanischen Bergkette, sieht man viele Frauen mit runden Bowler-Hüten. Sie gehören zur Landestracht wie die langen Röcke, farbenfrohen Schals und Ponchos aus Lamawolle.

● Der Bowler, auch Melone genannt, ist eigentlich ein Hut für Männer. Er bestimmte über hundert Jahre das Aussehen des typischen britischen Geschäftsmannes.

Wo tragen auch Männer einen Rock?

Im schottischen Hochland schlüpfen die Männer bei besonderen Anlässen in einen Kilt. Diese Faltenröcke werden aus kariertem Wollstoff genäht, den man Tartan nennt. Da der Kilt nur bis zum Knie wärmt, trägt man ihn zusammen mit langen Wollsocken.

Welches Kleid wird nicht genäht?

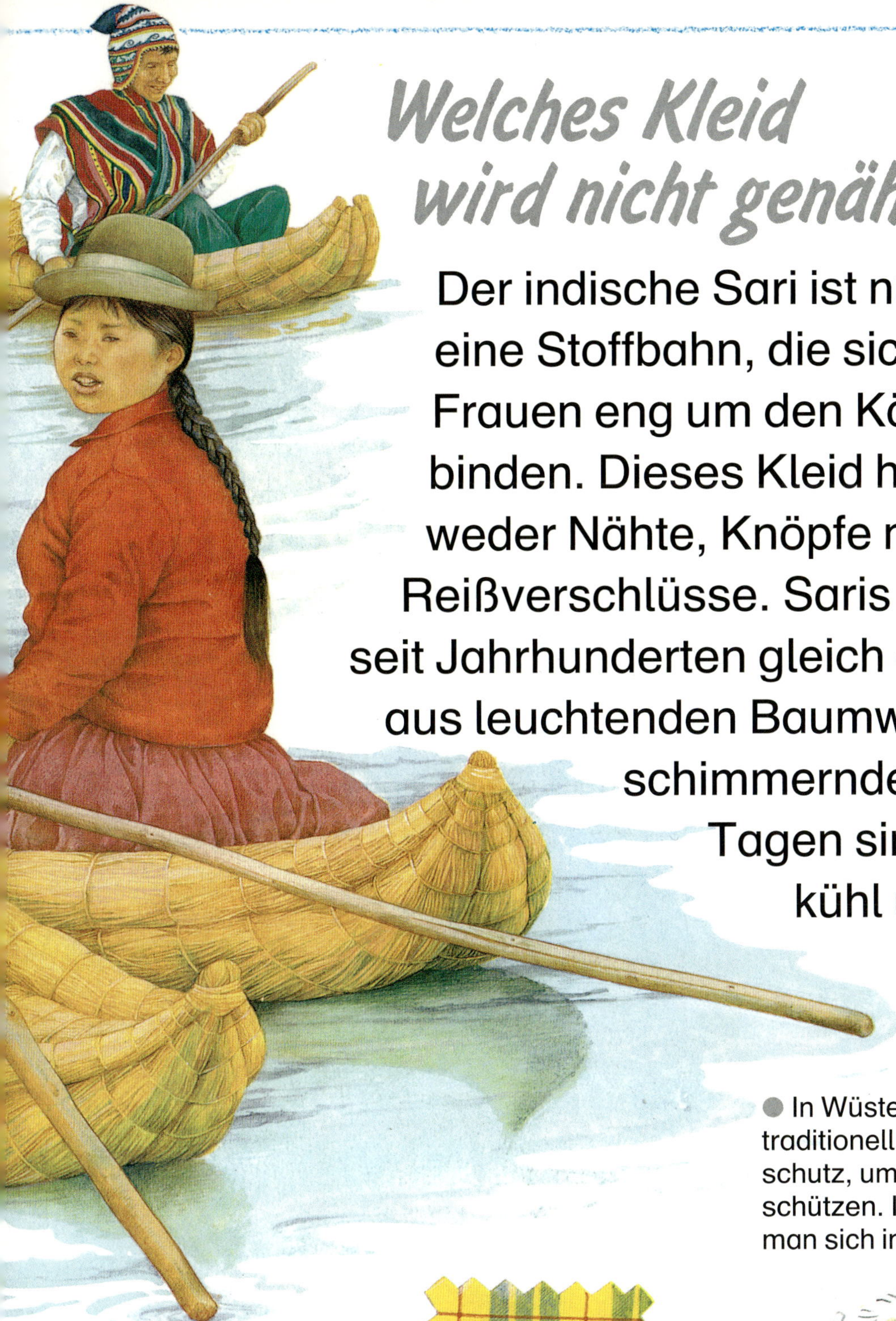

Der indische Sari ist nur eine Stoffbahn, die sich die Frauen eng um den Körper binden. Dieses Kleid hat weder Nähte, Knöpfe noch Reißverschlüsse. Saris sehen seit Jahrhunderten gleich aus. Sie bestehen aus leuchtenden Baumwollstoffen oder schimmernder Seide. An heißen Tagen sind sie angenehm kühl und sehr bequem.

- In Wüstenstaaten tragen die Menschen traditionell lange Kleidung und einen Kopfschutz, um sich vor Hitze und Staub zu schützen. In den kalten Polargebieten hüllt man sich in warme, fellgefütterte Jacken.

- In Schottland hat jeder Familienklan seinen eigenen Tartan in einem bestimmten Karomuster.

Wo behängt man das Hochzeitspaar mit Geldscheinen?

Auf einer griechischen oder türkischen Hochzeit bekommen Braut und Bräutigam Geld statt Geschenke. Die Gäste heften Geldscheine an die Kleidung des Hochzeitspaares. Da lohnt es sich, das Brautkleid etwas größer zu kaufen!

● Auf der Insel Madagaskar hält der zukünftige Ehemann eine Rede vor seiner Angebeteten. Ist die Rede nicht gut, muss er eine Strafe zahlen und noch einmal von vorne beginnen!

● Eine Hindu-Braut bemalt ihre Haut am Hochzeitstag mit kunstvollen Mustern. Sie benutzt dazu Henna, ein rötlich-braunes Färbemittel.

Wo krönt man Kinder zu Königen?

Jedes Jahr am Dreikönigstag, dem 6. Januar, freuen sich die Kinder in Frankreich auf das Abendessen. Als Nachtisch gibt es einen besonderen Blätterteigkuchen, die Galette des Rois. Im Kuchen ist ein Glücksbringer versteckt. Wer ihn findet, wird einen Abend lang König oder Königin.

● Nach den Schriften der Bibel besuchten drei Könige aus dem Morgenland das neugeborene Jesuskind und brachten ihm Geschenke.

Wo streckt man zur Begrüßung die Zunge raus?

Bei den Maori in Neuseeland bereitet man Fremden, die ins Dorf kommen, einen unfreundlichen Empfang: In einem traditionellen Ritus streckt man ihnen die Zunge heraus und schneidet abschreckende Grimassen.

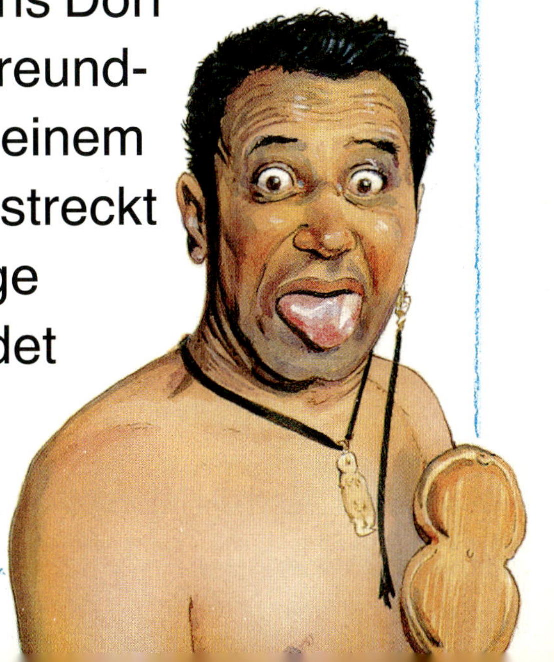

Wo lacht man über Schattenspiele?

● Die Figuren des Puppentheaters in Java werden aus bemaltem Leder angefertigt. Der Puppenspieler führt sie mithilfe von Drähten oder Stäben.

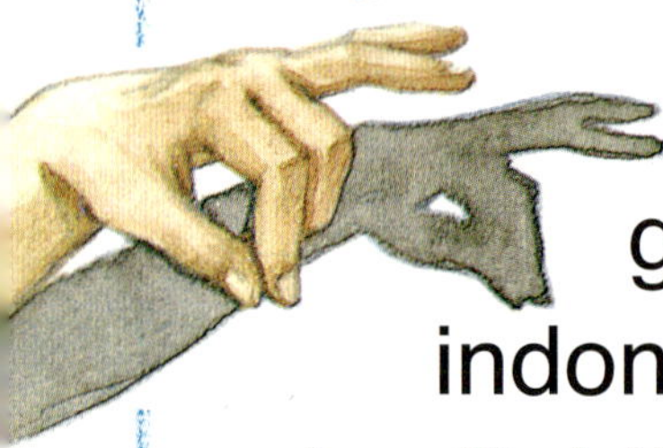

Schattentheater sind auf der ganzen Welt beliebt. Auf der indonesischen Insel Java sitzt das Publikum zu beiden Seiten einer Leinwand. Während die einen die Figuren betrachten, sehen die anderen nur die geheimnisvoll tanzenden Schatten.

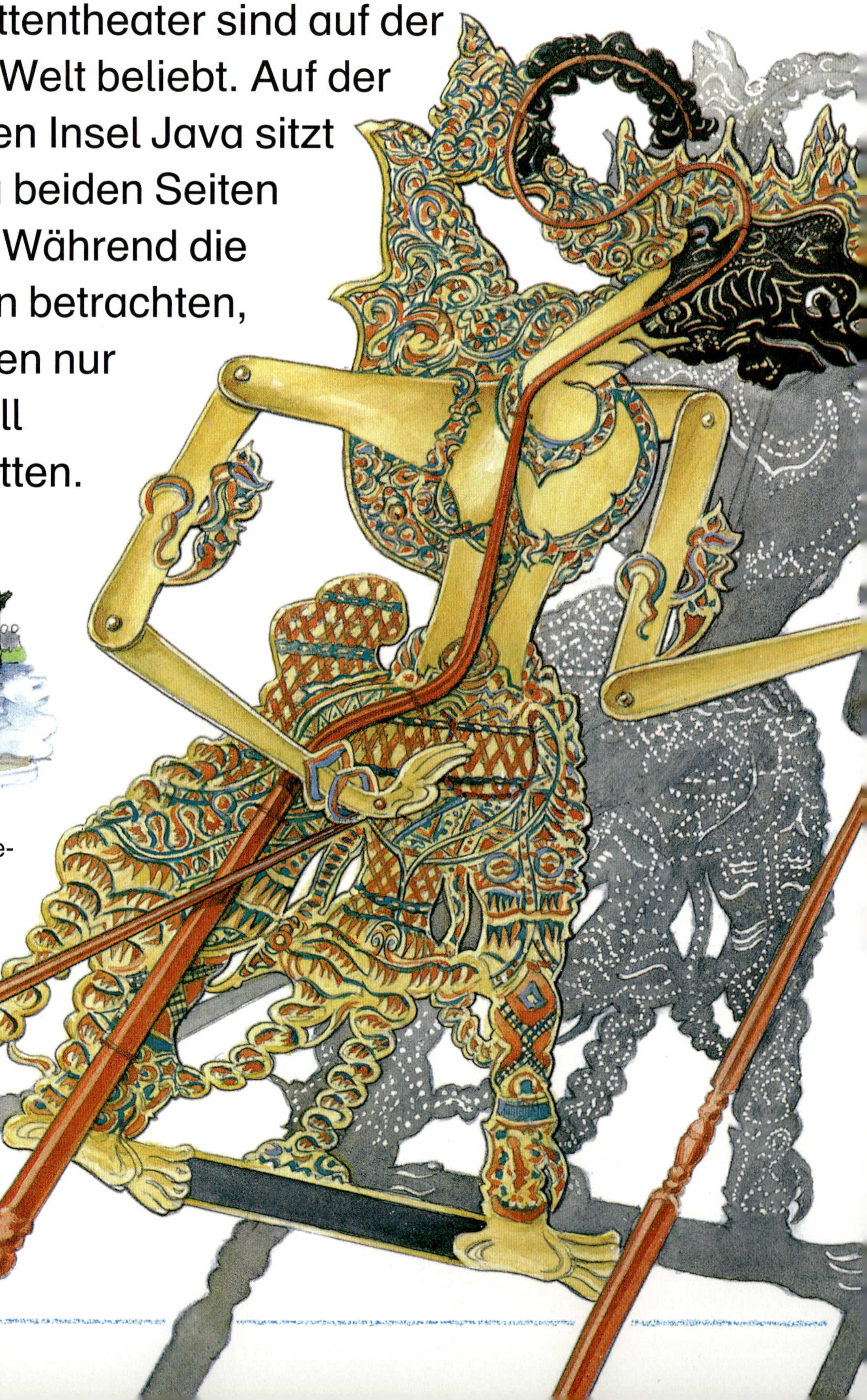

● Die Puppen des vietnamesischen Wassertheaters scheinen sich auf der Oberfläche eines Sees zu bewegen. Dabei bekommt der Puppenspieler leider nasse Füße.

Wo wird mit Sand gemalt?

Die Navajo-Indianer im Südwesten der USA zeichnen wunderschöne Bilder aus verschiedenfarbigem Sand. Diese Kunstwerke werden für spezielle Anlässe auf den Boden gemalt und hinterher sofort wieder zerstört.

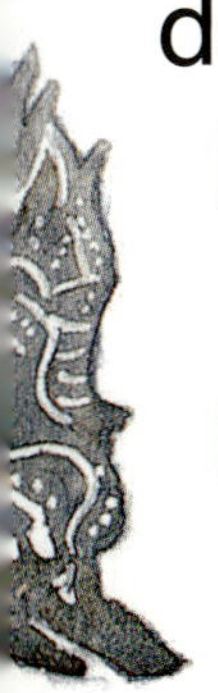

Manche Sandbilder besitzen angeblich heilende Kräfte. Sie sind groß genug, dass ein Kranker darauf Platz nehmen kann.

Früher bliesen Viehhirten in die lang gezogenen, hölzernen Alphörner, deren Echo weit über die Berge hallte. Heute ist das Alphornblasen ein Brauch in der Schweiz.

Wo wird beim Tanzen auf den Boden gestampft?

Der Flamenco ist ein Tanz aus Südspanien. Die Tänzer schnippen mit den Fingern, während sie sich zum Rhythmus der spanischen Gitarre drehen und mit ihren Absätzen rhythmisch auf den Boden hämmern.

Wo gibt es Weizenfelder größer als ein ganzes Land?

Gewaltige Weizenfelder erstrecken sich in den Vereinigten Staaten und Kanada. Ein Feld in Kanada erreichte einst sogar die doppelte Größe des Kleinstaates San Marino!

● Nur mit mehreren großen Mähmaschinen kann die Ernte auf den riesigen Weizenfeldern eingefahren werden.

● Weltweit wird mehr Reis als Weizen verzehrt. Reispflanzen mögen es gern nass. Sie werden oft in sumpfigem Schwemmland angebaut.

Wo wächst Schokolade auf den Bäumen?

Schokolade wird aus den Bohnen des Kakaobaumes hergestellt. Leider wächst dieser Baum nur in den feuchtheißen Regionen Südamerikas, Südostasiens und Westafrikas.

In welchem Land leben mehr Schafe als Einwohner?

Gorillas sind Menschenaffen, wie Orang-Utans, Schimpansen und Gibbons. Die Weibchen dieser Arten sind ausgezeichnete Mütter.

Die meisten der über 17 Millionen Australier haben sich an den Küsten des Kontinents angesiedelt. Im Landesinneren werden riesige Schaffarmen betrieben. In Australien leben neunmal so viele Schafe wie Menschen.

Wo fährt man mit dem Schneemobil?

● Eine Hundemannschaft kann einen Schlitten am Tag bis zu 80 Kilometer weit ziehen. Ein Motorschlitten schafft die gleiche Strecke in einer Stunde.

Viele Bewohner in Alaska und Nordkanada benutzen PS-starke Motorschlitten, um die eisigen Weiten zu überwinden. Sie ersetzen heute die Hundeschlitten. Die Huskies werden nur noch zum Vergnügen für Hunderennen vor den Schlitten gespannt.

● Die U-Bahnen in Japans Hauptstadt Tokio sind so überfüllt, dass spezielle Angestellte die Passagiere mit Gewalt in die Züge schieben, damit sich die Türen schließen können.

● Viele portugiesische Fischer bemalen ihre Boote außen mit „magischen Augen", die sie auf dem Meer beschützen und sicher in den Hafen zurückbringen sollen.

Wo parkt man eigentlich sein Fahrrad in China?

In China gibt es viele Millionen Menschen mit vielen Millionen Fahrrädern. Chinesische Großstädte haben daher riesige Fahrrad-Parkplätze. Mithilfe des Parkwächters und einer Nummer findet man den Drahtesel hinterher auch wieder!

Wo fahren Bilder über die Landstraßen?

In Afghanistan sind die Lastwagenfahrer so stolz auf ihre Fahrzeuge, dass sie jeden Zentimeter mit farbenfrohen religiösen Bildern bemalen. Sogar die Radschrauben leuchten in verschiedenen Farben.

● Ob lange silberne Ketten oder Aufreißlaschen der Getränkedosen – einem Afghanen ist keine Dekoration für seinen Lastwagen zu ungewöhnlich.

Welche Tiere sind die Rennpferde der Wüste?

● Renndromedare sind im Galopp über 30 Stundenkilometer schnell.

Dromedare sind schnelle und robuste Tiere. In manchen Trockenwüsten werden sie daher wie Rennpferde in Wettkämpfen geritten. Besonders in Saudi-Arabien sind solche Rennen auf staubigem Wüstenboden populär.

● Ob Vogel Strauß oder Schnecke – es gibt fast kein Tier, das der Mensch nicht für ein Rennen an den Start schickt.

Das schnellste Ballspiel der Welt heißt Pelota. Mit einem Schläger oder einer Art Korbschaufel wird der Ball dabei mit der Geschwindigkeit eines Schnellzugs weggeschleudert.

Welchen Sport kennt man fast überall?

Fußbälle werden in mehr als 160 Ländern der Erde gekickt, gedribbelt und ins Tor geschossen. Tausende spielen Fußball im Hinterhof und Park, auf der Straße und natürlich auf dem Fußballplatz.

Das älteste Ballspiel, das dem heutigen Fußballspiel ähnelt, heißt Zuqiu. Es wurde bereits vor 2 440 Jahren im alten China gespielt.

Wo leuchten Elefanten in der Dunkelheit?

Beim Fest Esala Perahera in Sri Lanka werden Elefanten mit herrlichen Überwürfen und blinkenden Lichterketten geschmückt. An einem nächtlichen Straßenumzug nehmen mehr als 50 Elefanten teil. Tausende von Trommlern und Tänzern lassen Peitschen knallen und schwenken bunte Fahnen.

● So grün wie die irische Insel ist auch der Kobold der irischen Märchen und Irlands Wahrzeichen – das grüne Kleeblatt.

Wer hat gern Grünes in Tellern und Tassen?

Der heilige Patrick ist Irlands Nationalheiliger und grün ist die Nationalfarbe des Landes. Am Namenstag des Schutzpatrons, dem 17. März, feiern die Iren überall auf der Welt ausgelassene Feste. Manche färben an diesem Tag sogar das Essen grün!

Wer picknickt auf dem Friedhof?

Der Tag der Toten ist ein mexikanischer Feiertag am 2. November – so wie bei uns Allerseelen. Die Menschen bringen Blumen und Kerzen an die Gräber und lassen sich dort zu einem Picknick nieder.

Zum Tag der Toten werden farbenfrohe Skelette aus Pappmaché gebastelt.

Im Februar herrscht in zahlreichen Ländern der Karneval mit viel Musik und prächtigen Paraden.

Der Umzug der Esala Perahera findet im Ort Kandy auf Sri Lanka in der Zeit des Juli-Vollmondes statt.

Wo macht man Musik auf alten Ölfässern?

Auf den karibischen Inseln bastelt man aus leeren Ölfässern Musiktrommeln, sogenannte Steel Pans (Stahlpfannen). Der Fassdeckel wird schüsselförmig ausgehämmert. Danach wird die Blechschüssel behauen und gestimmt, bis die verschiedenen Felder eine ganze Reihe Töne von sich geben. Einige Trommeln erzeugen 30 verschiedene Töne.

● Sogenannte Steelbands spielen zur Karnevalszeit im Freien, auf Straßen oder am Strand.

Wer schlägt die Bongos?

In südamerikanischen Bands schlägt der Trommler oft auch die Bongos. Er klemmt sie zwischen die Knie und schlägt mit Fingern und Handflächen schwungvolle Rhythmen, die sofort zum Tanzen verführen.

Können Trommeln sprechen?

In entlegenen Gegenden Afrikas verbreiten Sprechtrommeln die neuesten Nachrichten. Mit Schlägen auf die Trommel ahmt der Spieler die Sprache nach. Um unterschiedliche Töne zu erzeugen, spannt oder lockert er die Trommelhaut.

- Das Volk der Tinguin auf den Philippinen glaubte, dass der Hall des Donners vom Gott Kadaklan erzeugt wird, wenn er auf seiner Trommel schlägt.

- Eine Trommel klingt fast wie ein brüllender Löwe – sie heißt Cuica. Diese Reibetrommel wird nicht geschlagen, vielmehr schiebt man einen Stab oder Lederstreifen durch ein Loch in der Trommelhaut und erzeugt so ein tiefes Brummen.

Wo macht man Gamelan-Musik?

Gamelan ist eine Orchester-Musik aus Indonesien. Das Zusammenspiel von Trommeln, Gongs, Xylofon und Glockenspielen erzeugt ein bezaubernd schönes Geklingel. In einem Gamelan-Ensemble erklingen bis zu 40 Instrumente.

● Auf Waschbrettern kann man nicht nur Wäsche schrubben. Jazz-Musiker gebrauchen sie hin und wieder als Instrument und scharren mit einem Stab oder einem Metallring über die Rillen.

● Gamelan-Musik erklingt zu festlichen Anlässen.

Sind Rasseln nur Babyspielzeug?

Der trockene, raschelnde Klang von Rasseln gefällt nicht nur Babys. Die ersten Schüttelinstrumente waren vielleicht getrocknete Kürbisse, die mit Samenkörnern oder Kieselsteinen gefüllt waren, so wie die südamerikanischen Rumbakugeln, die sogenannten Maracas.

● Die Triangel gehört zu den kleinsten Instrumenten. Größere Triangeln werden in manchen Gegenden der Welt benutzt, um Feueralarm zu schlagen. Auf lauten Straßen jedoch sind Sirenen dafür besser geeignet!

Was brüllt wie ein Stier?

Schwirrhölzer, auch Bull Roarer genannt, klingen nicht wirklich wie ein Stier. Das Holz wird an eine lange Schnur gebunden. Lässt man es über dem Kopf kreisen, erzeugt es ein auf- und abschwellendes Surren.

Was haben Termiten mit Musik zu tun?

Das Didgeridoo ist das traditionelle Instrument der Aborigines, der Ureinwohner Australiens. Das etwa eineinhalb Meter lange Rohr wird aus einem Ast des Eukalyptusbaumes gefertigt und schön verziert. Bei echten Didgeridoos ist das weiche Astinnere von Termiten ausgehöhlt worden. Diese Blasinstrumente haben dadurch einen besonders vollen und geheimnisvollen Klang.

● Didgeridoo-Spieler können während des Spielens gleichzeitig ein- und ausatmen.

Welche Trommel passt in den Mund?

Sie heißt Maultrommel, Brummeisen oder Mundharfe. Man klemmt sie zwischen die Zähne und zupft die Metallfeder mit dem Finger. Gespielt wird sie vor allem in der Volksmusik und auch im Jazz.

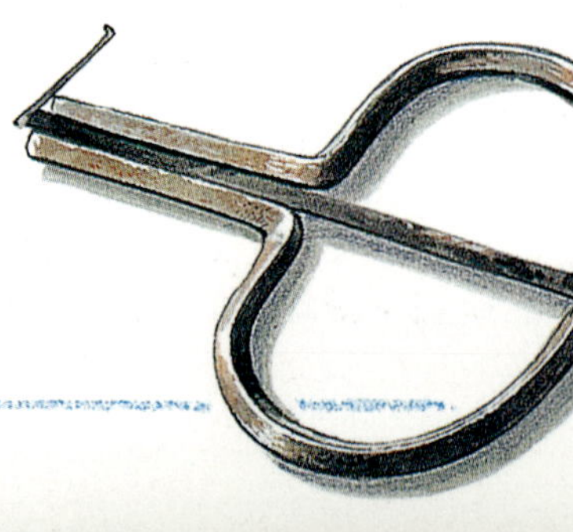

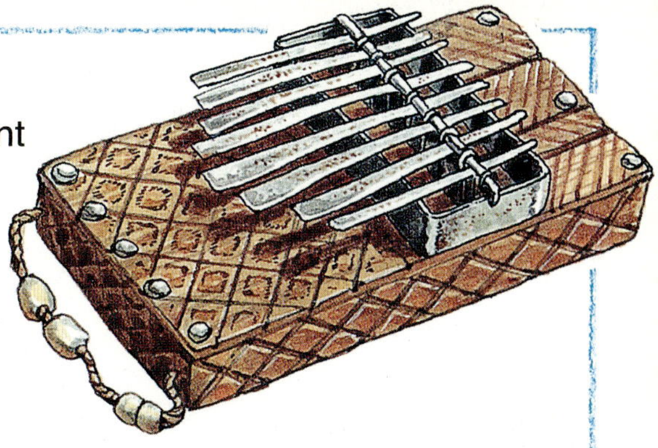

Ein typisches Instrument der Massai in Kenia ist das Daumenklavier (Marimba). Die metallenen Bänder werden mit dem Daumen gezupft.

Für welches Instrument braucht man ein Spinnennetz?

Nimm ein Stierhorn, mache ein kleines Loch in das spitze Ende und spanne ein Spinnennetz oder eine Tierhaut über das weite Ende – fertig ist die Flöte, die Mirliton oder Kazoo heißt. Beim Hineinblasen oder Hineinsingen erklingt ein summender Ton.

Ein amerikanischer Jazz-Musiker namens Roland Kirk konnte auf drei Saxofonen gleichzeitig spielen. Der muss Puste gehabt haben!

Ein Dudelsack kommt nicht unbedingt aus Schottland. Dieser afrikanische Ziegenhautdudelsack ist mit einem geschnitzten Ziegenkopf verziert.

Wo liegt der „große Kieselstein“?

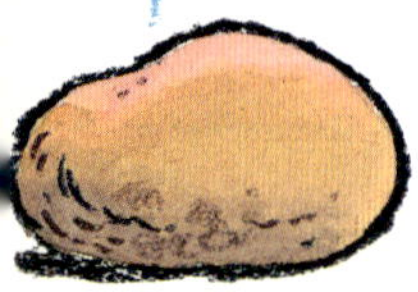

Der größte Sandsteinblock der Erde ist für die Aborigines in Zentralaustralien ein heiliger Ort. Sie nennen ihn Uluru, was „großer Kieselstein“ bedeutet. Der Uluru erhebt sich 348 Meter hoch über die umliegende Wüste. Sein Umfang am Sockel beträgt fast neun Kilometer.

● Wenn die Sonne auf- und untergeht, taucht sie den Uluru in ein leuchtend rotes Licht. Wenn der Himmel bewölkt ist, sieht der Felsblock aus wie ein schlafender Riesenelefant.

Warum ist der Fudschijama ein beliebtes Kletterziel?

Mit 3 776 Metern Höhe ist der Fudschijama der höchste Berg Japans. Zudem gilt er dort als heilig – alljährlich erklimmen über 500 000 Menschen seinen Gipfel um zu beten.

● Die alten Griechen glaubten, dass Zeus, der König der Götter, in einem glänzenden Palast auf der Spitze des Berges Olymp seinen Wohnsitz habe. Der Olymp ist mit einer Höhe von 2917 Metern der höchste Berg Griechenlands.

Welcher Berg sieht aus wie eine Tischplatte?

Der Tafelberg in Südafrika wurde so benannt, weil sein Gipfel so flach ist wie eine Tischplatte. Oft ist er von Wolken bedeckt – von seinem Tischtuch, wie man sagt.

● Der Kilimandscharo ist der höchste Berg Afrikas. Mit 5895 Metern Höhe ist er so hoch, dass seine Spitze immer mit Schnee und Eis bedeckt ist – und das, obwohl er im heißen Afrika nahe am Äquator liegt.

Wie heißt der längste Bergtunnel?

In der Schweiz kann man durch den längsten Bergtunnel der Welt fahren. Der St.-Gotthard-Tunnel bohrt sich 16 Kilometer durch die Alpen und verbindet die Schweiz mit Italien.

● Vor über 2000 Jahren führte ein Feldherr namens Hannibal eine Armee und 40 vor Kälte zitternde afrikanische Kriegselefanten über die Alpen, um Rom anzugreifen.

Wo liegt die höchste Eisenbahnstrecke der Welt?

Wer auf der Eisenbahnstrecke zwischen Lima und Huancayo in Peru fährt, darf keine Höhenangst haben. Die Strecke führt über das Andengebirge und der Zug fährt bis in eine Höhe von 4800 Metern über dem Meeresspiegel.

● Manche Bergbahnen haben nicht wie gewöhnlich zwei Räder, sondern drei Räder, damit sie nicht zurückrollen. Man nennt sie Zahnradbahnen. Das dritte Rad sitzt in der Mitte und ist mit einer Zahnstange zwischen den Schienen verzahnt.

Wo liegt die steilste Eisenbahnstrecke?

Die Katoomba Scenic Railway in den australischen Blue Mountains bietet eine fantastische Aussicht – und Nervenkitzel! In knapp zwei Minuten geht es 415 Meter bergab.

● In Südamerika kannst du eine Fahrt mit der längsten Seilbahn genießen. Von der venezolanischen Stadt Merida aus fährt sie zwölf Kilometer hoch in die Anden.

Wo rasen Superflitzer durch die Wüste?

Der Brite Andy Green wurde im Oktober 1997 mit seinem Düsenfahrzeug *Thrust SSC* zum weltweit schnellsten Mann auf Rädern. Er erreichte auf den endlosen Weiten der Black Rock Wüste in Nevada ein Rekordtempo von unvorstellbaren 1227,9 Stundenkilometern.

● Jedes Jahr im Januar setzen die Teilnehmer des Wüstenrennens Paris – Dakar in der Sahara ihr Leben aufs Spiel. 1983 mussten 40 Fahrer gerettet werden, nachdem ihnen ein Sandsturm die Orientierung geraubt hatte.

● Der Weltraum-Rover Sojourner wurde vor seinem Einsatz auf dem Mars, wo er 1997 landete, in US-Wüsten getestet.

Warum werden Raumfahrzeuge in der Wüste erprobt?

Auf der Erde kommen die Bedingungen in Trockenwüsten denen auf dem Mars am nächsten. Das macht die Wüsten zum idealen Testgelände für Raumfahrzeuge.

Wo findet der härteste Wettlauf der Welt statt?

Natürlich in der Wüste! Der berüchtigte Sandmarathon führt durch die Sahara. Die Wettkämpfer laufen in sechs Tagen 230 Kilometer – etwa die fünffache Strecke eines normalen Marathons!

Mit Ausnahme des Zelts müssen die Sahara-Läufer auch bei Mittagstemperaturen bis zu 45 Grad Celsius alles, was sie brauchen, selbst tragen.

Kamelrennen sind in den arabischen Wüsten keine Seltenheit. Im Galopp erreichen die Tiere Höchstgeschwindigkeiten von mehr als 30 Stundenkilometern.

Wie sieht es an den Polen aus?

● Eisbären leben am Nordpol und Pinguine am Südpol. Sie können sich also nie treffen – es sei denn im Zoo!

Nord- und Südpol liegen an den Enden der Erdkugel. Hier herrschen eisige Temperaturen mit bitterkalten Winden. Eis und Schnee erstrecken sich, soweit das Auge sieht – nicht gerade ein einladender Ferienort!

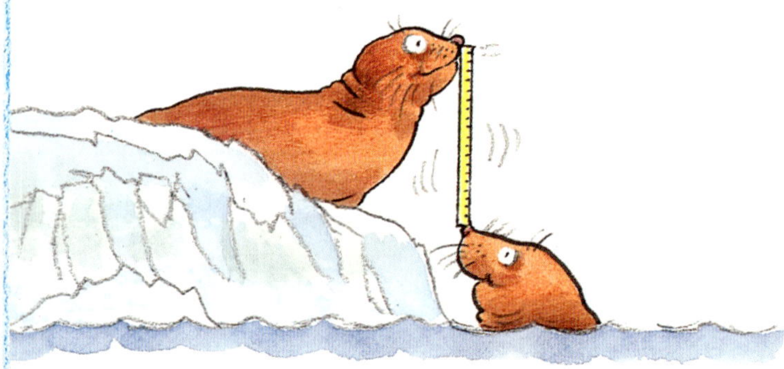

Wo liegt der kälteste Ort der Erde?

Die grimmigste Kälte herrscht in Wostok in der Antarktis. Hier liegt die Temperatur meist unter - 58 Grad Celsius, sie war aber auch schon auf - 89 Grad Celsius gesunken!

● Der Berg Erebus müsste der wärmste Platz in der ganzen Antarktis sein. Er ist ein aktiver Vulkan!

Wo leben Eisbären?

Eisbären bewohnen die Küsten des Nordpolarmeers nahe dem Nordpol. Eigentlich komisch, dass sie nie in der Antarktis lebten, obwohl dort reichlich Nahrung und genauso viel Schnee und Eis vorhanden sind.

● Eisberge schwimmen im Meer. Sie sind an der Küste von großen Eisströmen, den Gletschern, abgebrochen.

● Eisbären rutschen auf dem Eis nicht aus. Raue Haut und Haare auf den Fußsohlen geben ihnen Halt.

Mein Körper

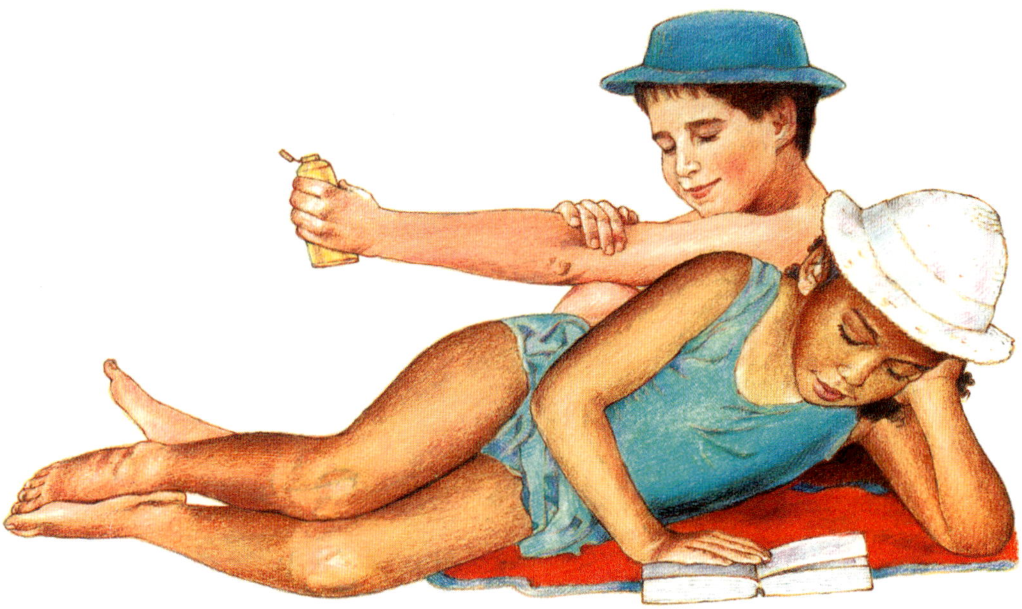

Wie viele Knochen habe ich?

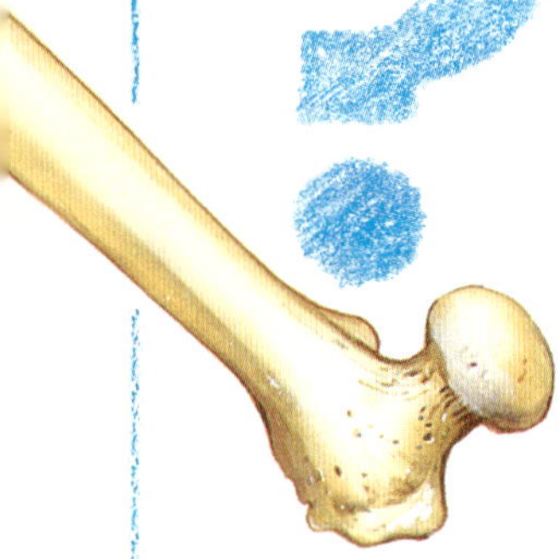

Als du geboren wurdest, hattest du etwa 350 Knochen. Doch wenn du erwachsen bist, werden es nur noch ungefähr 200 sein! Die fehlenden Knochen gehen natürlich nicht verloren. Aber wenn du älter wirst, wachsen viele kleinere Knochen zu größeren zusammen.

● Ohne die Knochen, die dir deine Form geben, würdest du aussehen wie ein weicher, schlapper Sack.

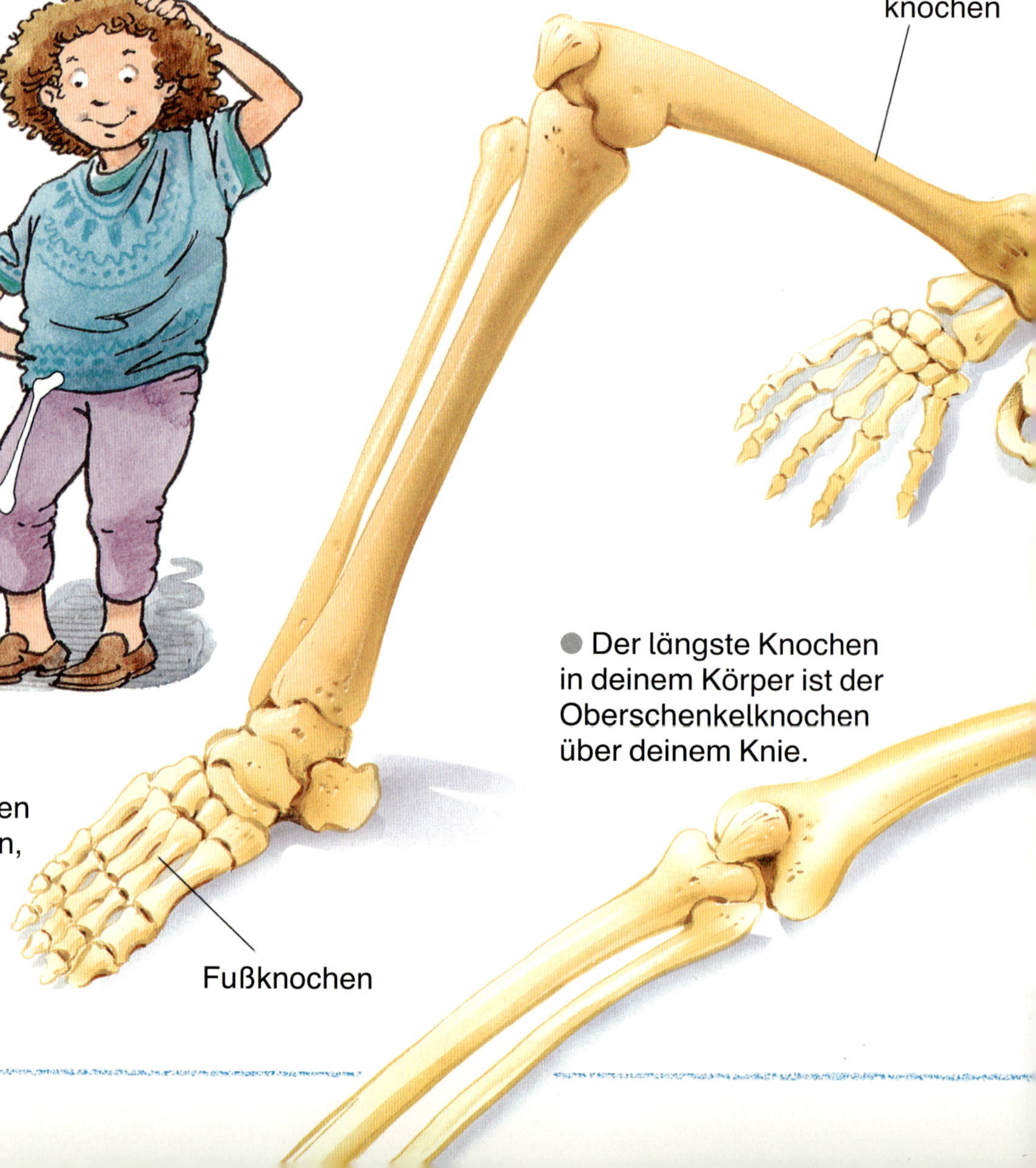

● Der längste Knochen in deinem Körper ist der Oberschenkelknochen über deinem Knie.

● Deine Knochen bestehen zum Teil aus einem harten, steinähnlichen Material, das Kalzium heißt, aber anders als Steine sind sie lebendig. Sie wachsen mit dir.

● Die meisten Menschen haben zwölf Rippenpaare, manche sogar dreizehn. Sie schützen Herz und Lunge.

● Dein Schädel besteht zwar aus vielen Knochen, doch die meisten von ihnen sind miteinander verwachsen. Nur der Kieferknochen ist beweglich.

● Knochen sind sehr hart und stabil. Sie schützen die empfindlichen Teile im Innern des Körpers (zum Beispiel das Gehirn) vor Verletzungen.

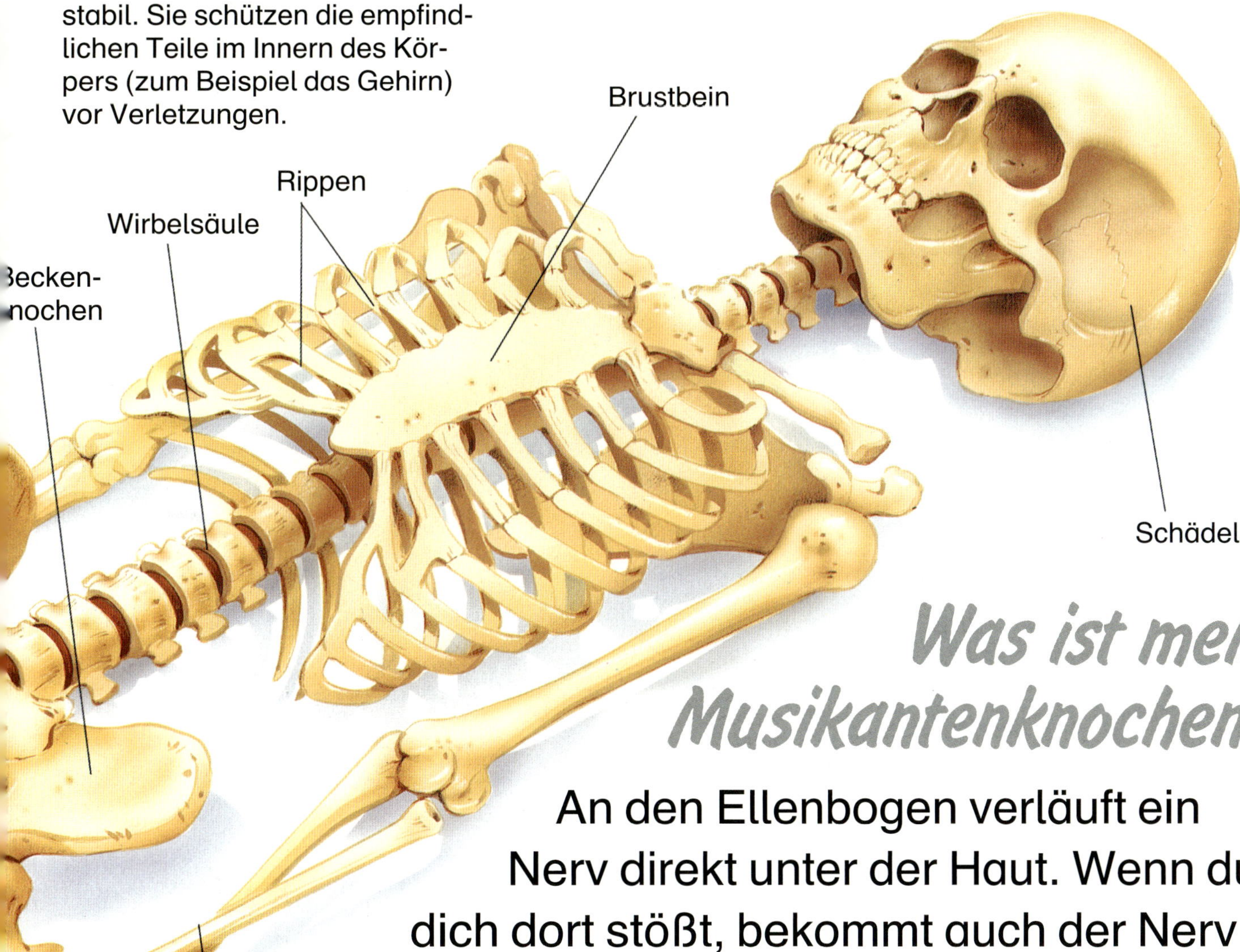

Was ist mein Musikantenknochen?

An den Ellenbogen verläuft ein Nerv direkt unter der Haut. Wenn du dich dort stößt, bekommt auch der Nerv diesen Stoß ab. Er sendet dann eine Nachricht ans Gehirn und du empfindest Schmerz. Vor allem Geiger leiden unter Schmerzen an dieser Stelle, weil sie den Arm viel bewegen – daher der Name.

Warum atme ich?

Beim Atmen saugst du Luft in deinen Körper. Ohne Luft kannst du nicht leben, nicht einmal ein paar Minuten lang.

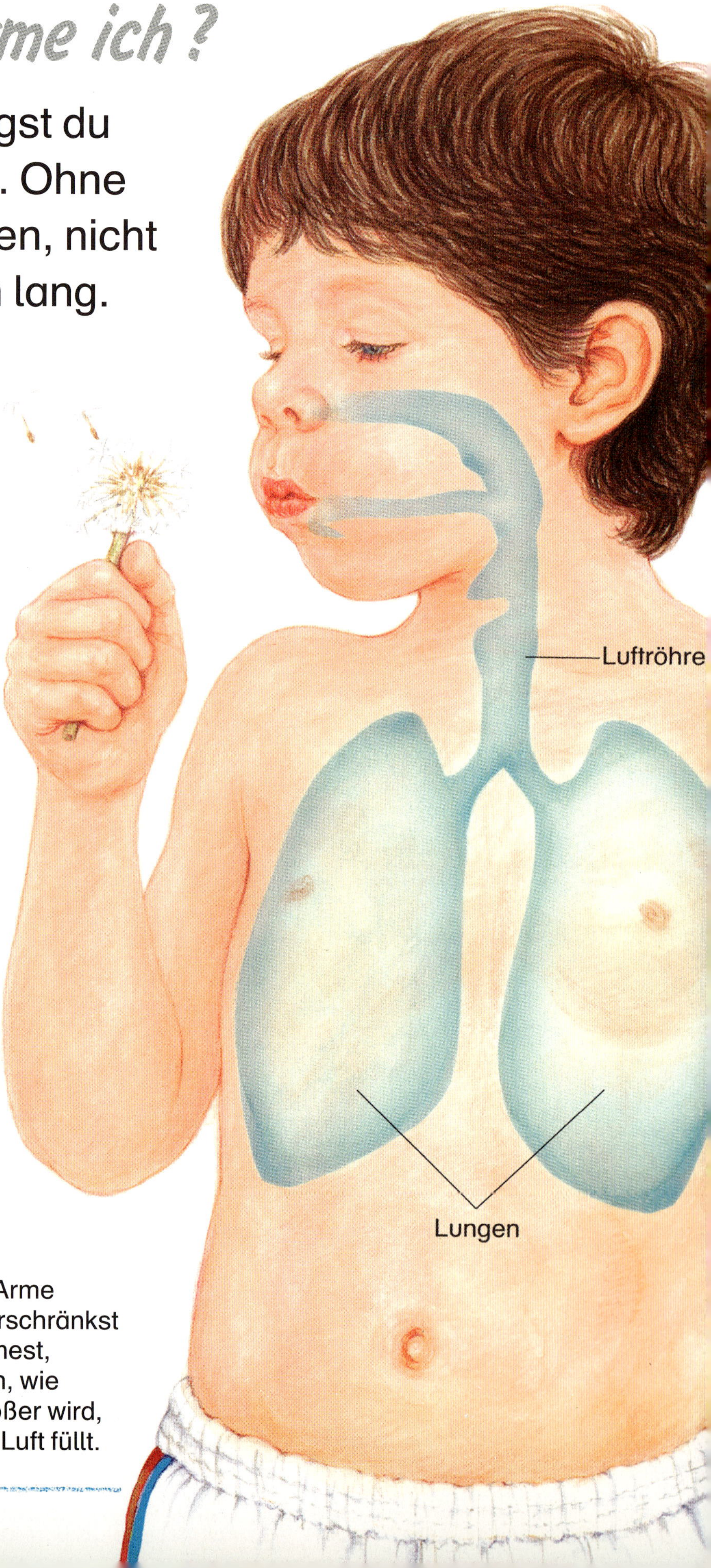

Der Grund: In der eingeatmeten Luft ist ein Gas enthalten, das Sauerstoff heißt, und dein Körper braucht Sauerstoff zum Leben.

● Beim Einatmen strömt die Luft durch die Luftröhre. Sie wird von den schwammartigen Lungen aufgenommen.

● Wenn du die Arme vor der Brust verschränkst und dann einatmest, kannst du fühlen, wie deine Lunge größer wird, weil sie sich mit Luft füllt.

Woher kommt der Schluckauf?

Unter der Lunge liegt das Zwerchfell, eine große Muskelplatte, die dir beim Atmen hilft. Wenn dieser Muskel mal unregelmäßig zuckt, wird Luft ruckweise in deine Lunge gesaugt und du bekommst einen Schluckauf. Damit nicht zu viel Luft in die Lunge strömt, schließt sich eine Klappe in der Luftröhre. Sie schneidet den Luftstrom so plötzlich ab, dass dein ganzer Körper zuckt.

● Die Luft strömt ein.

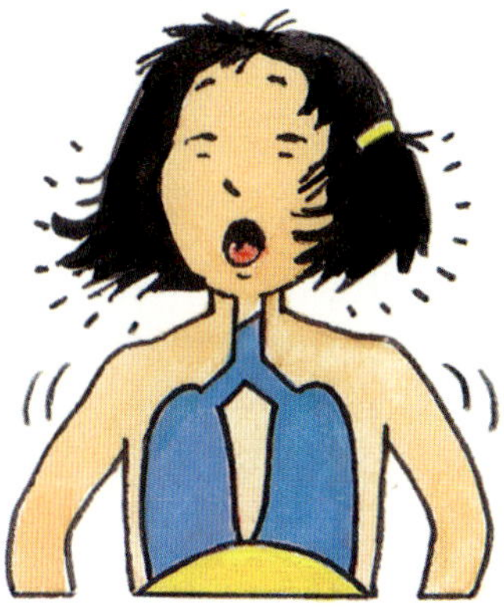

● Die Klappe in der Luftröhre schlägt zu: So entsteht das Schluckaufgeräusch.

Warum muss ich niesen?

Wenn Staub oder Bakterien in deine Nase geraten, niest du, um sie loszuwerden. Die Luft schießt aus der Lunge, und die Nase wird frei.

● Beim Niesen saust die Luft mit mehr als 160 Stundenkilometern durch deine Nase!

Was tut mein Herz?

Dein Herz ist ein großer, hohler Muskel, der das Blut durch den Körper befördert. Wenn du dir die Hand auf die Brust legst, kannst du fühlen, wie es schlägt. Mit jedem Schlag pumpt es das Blut durch den Körper.

● Dein Körper verbraucht pausenlos Sauerstoff. Deshalb muss er ständig neuen Sauerstoff aus den Lungen bekommen.

● Wenn du hören willst, wie ein Herz schlägt, lege dein Ohr an einem ruhigen Ort auf die Brust eines Freundes. Du hörst zwei dicht aufeinanderfolgende Laute, die klingen wie „lab-dab, lab-dab“.

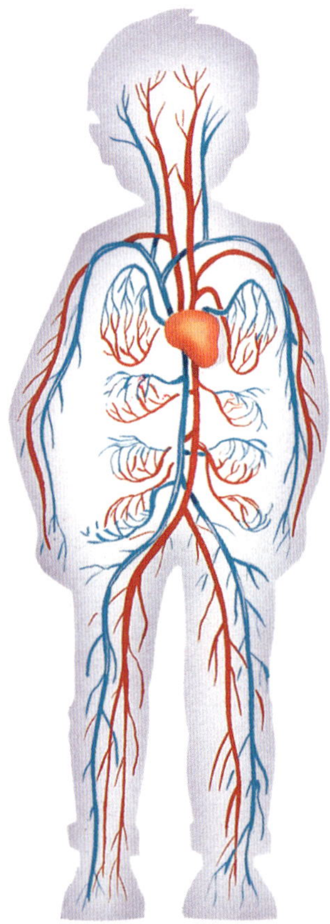

● Das Blut fließt durch dünne Röhren, die Blutgefäße genannt werden.

● Eine Seite des Herzens pumpt Blut zur Lunge, wo es Sauerstoff aufnimmt. Die andere Seite pumpt das Blut durch den Körper.

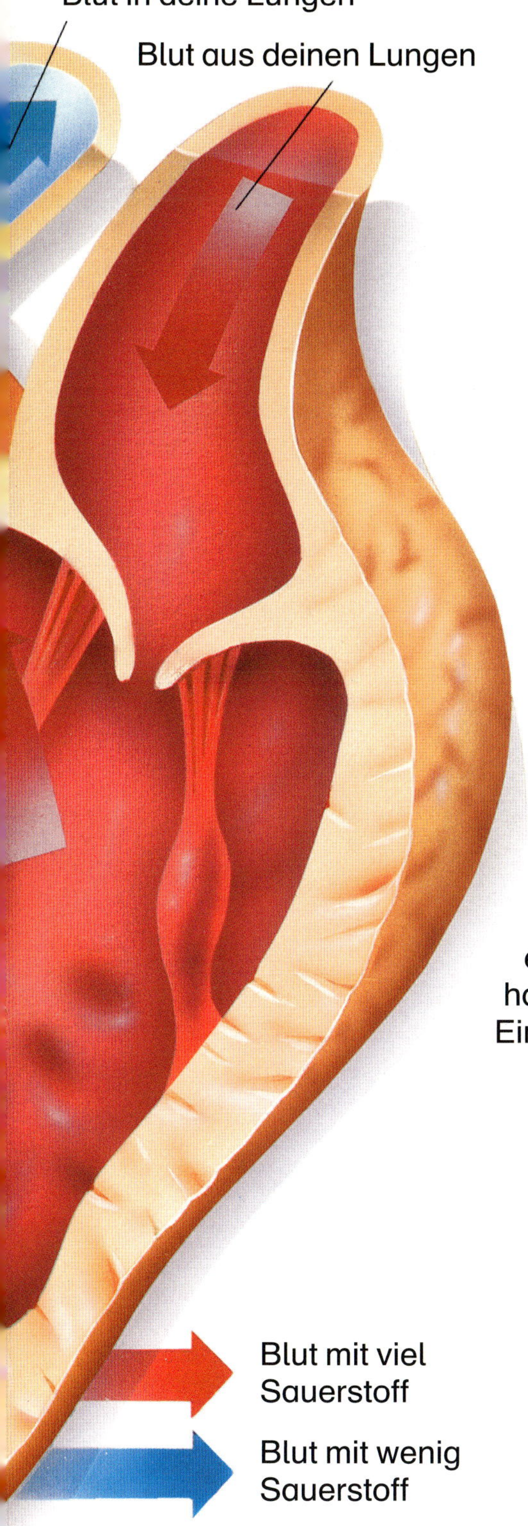

Wozu brauche ich Blut?

● Die meisten Insekten haben farbloses Blut.

Dein Blut ist eine Art schnell fließender Fluss, der durch deinen Körper strömt. Es übernimmt die Aufgabe des Transports. So befördert es zum Beispiel Sauerstoff aus der eingeatmeten Luft und Nährstoffe aus deiner Nahrung dorthin, wo der Körper sie gerade braucht. Außerdem hilft es bei der Abwehr von Krankheiten.

● Als Baby hattest du nur knapp einen Liter Blut – kaum eine Milchpackung voll. Wenn du erwachsen bist, wirst du etwa fünf Liter Blut in dir haben – fast einen halben Eimer voll!

Wie groß ist mein Herz?

Dein Herz wächst mit dir. Es ist immer ein bisschen größer als deine Faust.

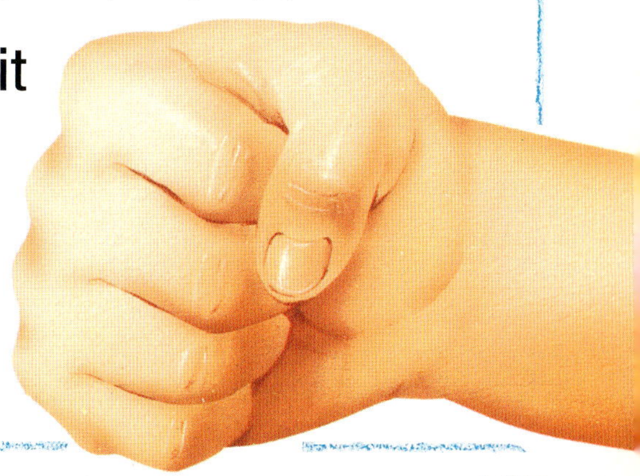

Warum blinzle ich?

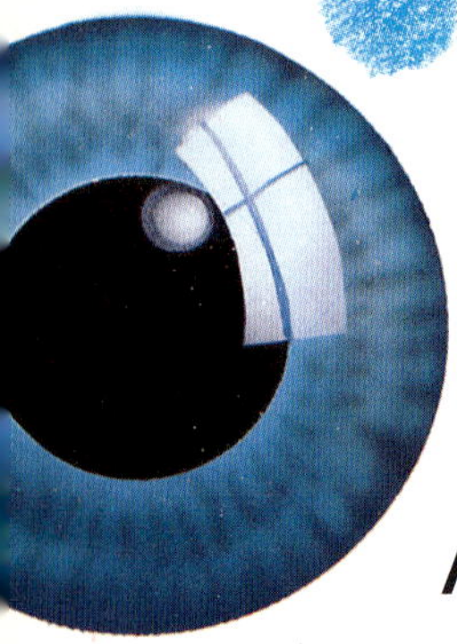

In deinen Augen sind immer Tränen, nicht nur, wenn du weinst. Durch das Blinzeln werden die Tränen über die Augen verteilt, sodass sie nicht austrocknen und wehtun.

● Die Iris ist der farbige Teil des Auges. Sie wirkt ähnlich wie ein Vorhang vor einem Fenster – wenn es dunkel ist, geht die Iris weit auf, damit mehr Licht in das Auge fällt. Wenn es sehr hell ist, zieht sie sich zusammen, um das Auge vor zu viel Licht zu schützen.

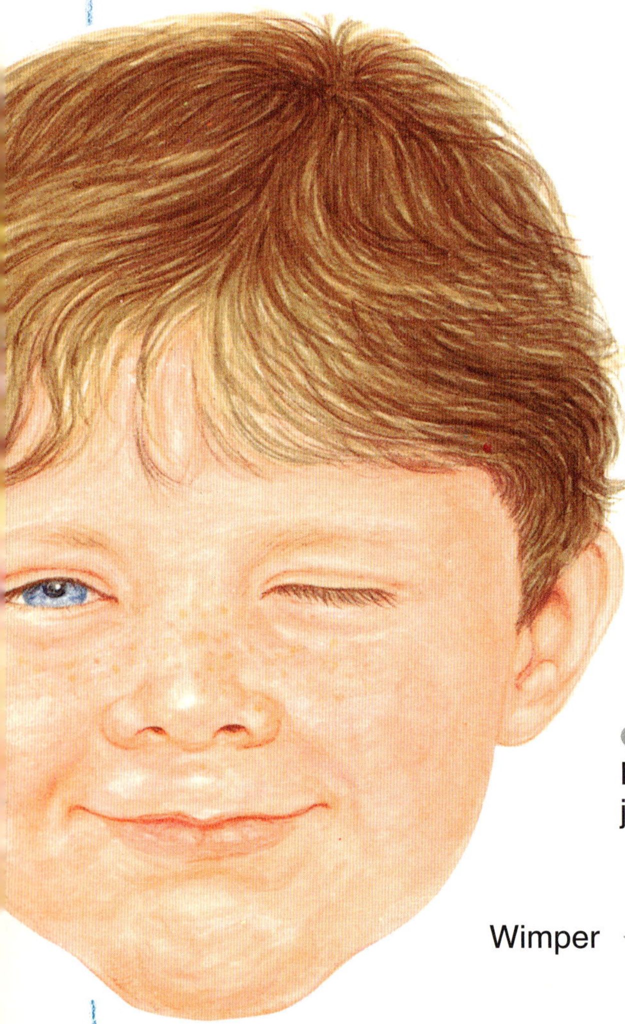

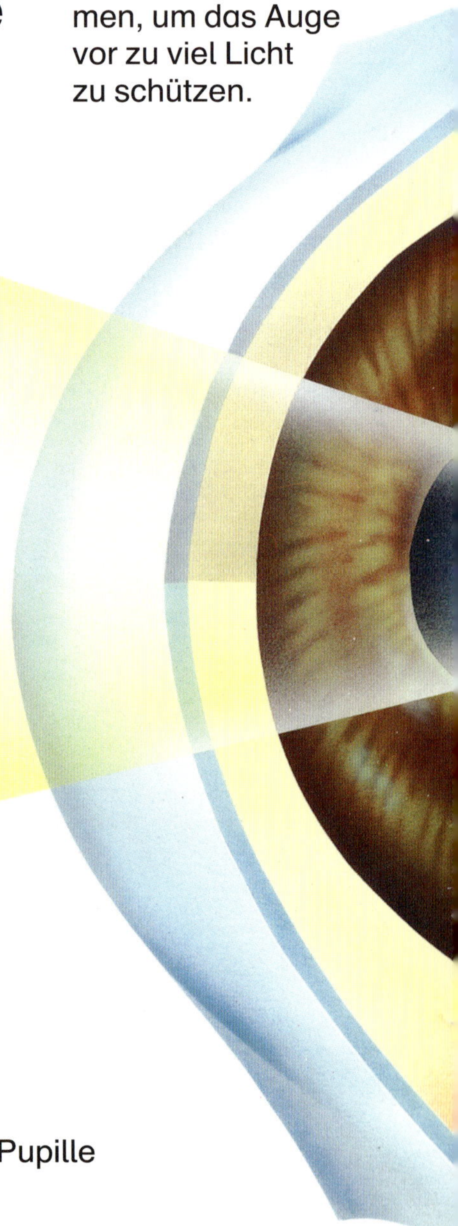

● Ein Blinzeln dauert etwa ein Drittel einer Sekunde. Du blinzelst jeden Tag viele Tausend Mal.

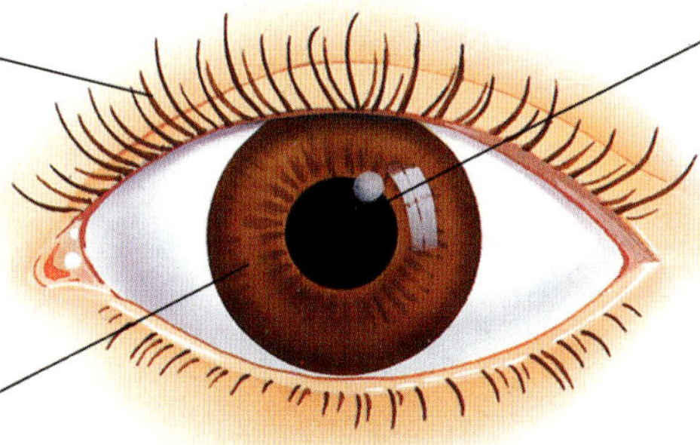

● Die Wimpern helfen, Staub und Schmutz von den Augen fernzuhalten.

● Das schwarze Loch in der Mitte des Auges heißt Pupille.

● Eine geleeartige Masse gibt dem Augapfel seine Kugelform, wie die Luft in einem Ballon.

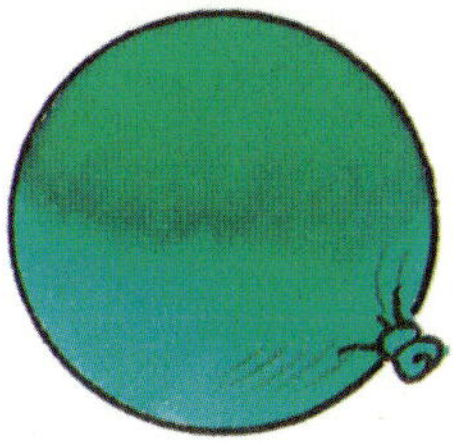

Warum kann ich im Dunkeln nichts sehen?

Du kannst im Dunkeln nicht viel erkennen, weil deine Augen Licht brauchen, um etwas zu sehen. Wenn du deine Augen im Spiegel betrachtest, siehst du in ihrer Mitte ein schwarzes Loch. Das Licht aus deiner Umgebung fällt durch dieses Loch. Dann schicken deine Augen eine Botschaft an das Gehirn, damit du weißt, was du siehst.

● Hinten im Auge liegt die Netzhaut. Das Bild, das hier entsteht, steht auf dem Kopf, doch dein Gehirn dreht es wieder „richtig“ herum.

Hier verläuft ein Nervenbündel, das die Botschaften ans Gehirn leitet.

● An der Vorderseite des Auges ist eine Linse. Sie sorgt dafür, dass du alles scharf siehst, denn sie lässt das Licht an die richtige Stelle im Augenhintergrund gelangen.

Warum sind Ohren so komisch geformt?

Die Form der Ohren hilft ihnen, Geräusche aufzufangen. Viele Tiere wie etwa die Kaninchen können ihre Ohren in die Richtung eines Geräusches drehen.

Warum wird mir schwindelig, wenn ich mich drehe?

Im Innern jedes Ohres befinden sich drei bogenförmige Röhren, die mit einer Flüssigkeit gefüllt sind. Sie gerät in Bewegung, wenn du dich drehst. Nerven nehmen diese Bewegung auf und melden dem Gehirn, dass du dich drehst. Wenn du stehen bleibst, schwappt die Flüssigkeit noch. Dein Gehirn erhält eine Falschmeldung, und dir ist schwindelig.

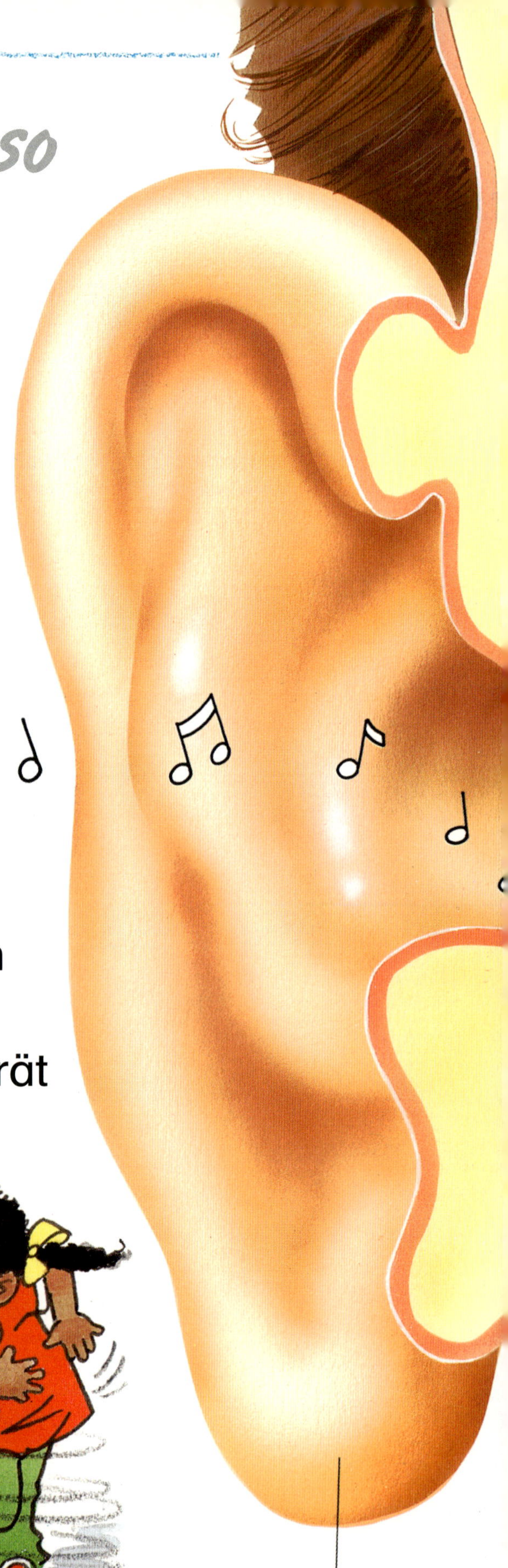

● Wusstest du, dass du in jedem Ohr eine Trommel hast? Das Trommelfell ist eine sehr dünne Haut. Sie wird in Schwingungen versetzt, wenn Töne auf sie treffen.

● Wenn sich das Trommelfell bewegt, geraten drei winzige Knochen in Schwingung.

● Wenn die kleinen Knochen in Schwingung geraten, versetzen sie auch die wässrige Flüssigkeit tief im Ohrinnern in Bewegung. Besondere Nerven nehmen diese Bewegung wahr und melden sie an das Gehirn.

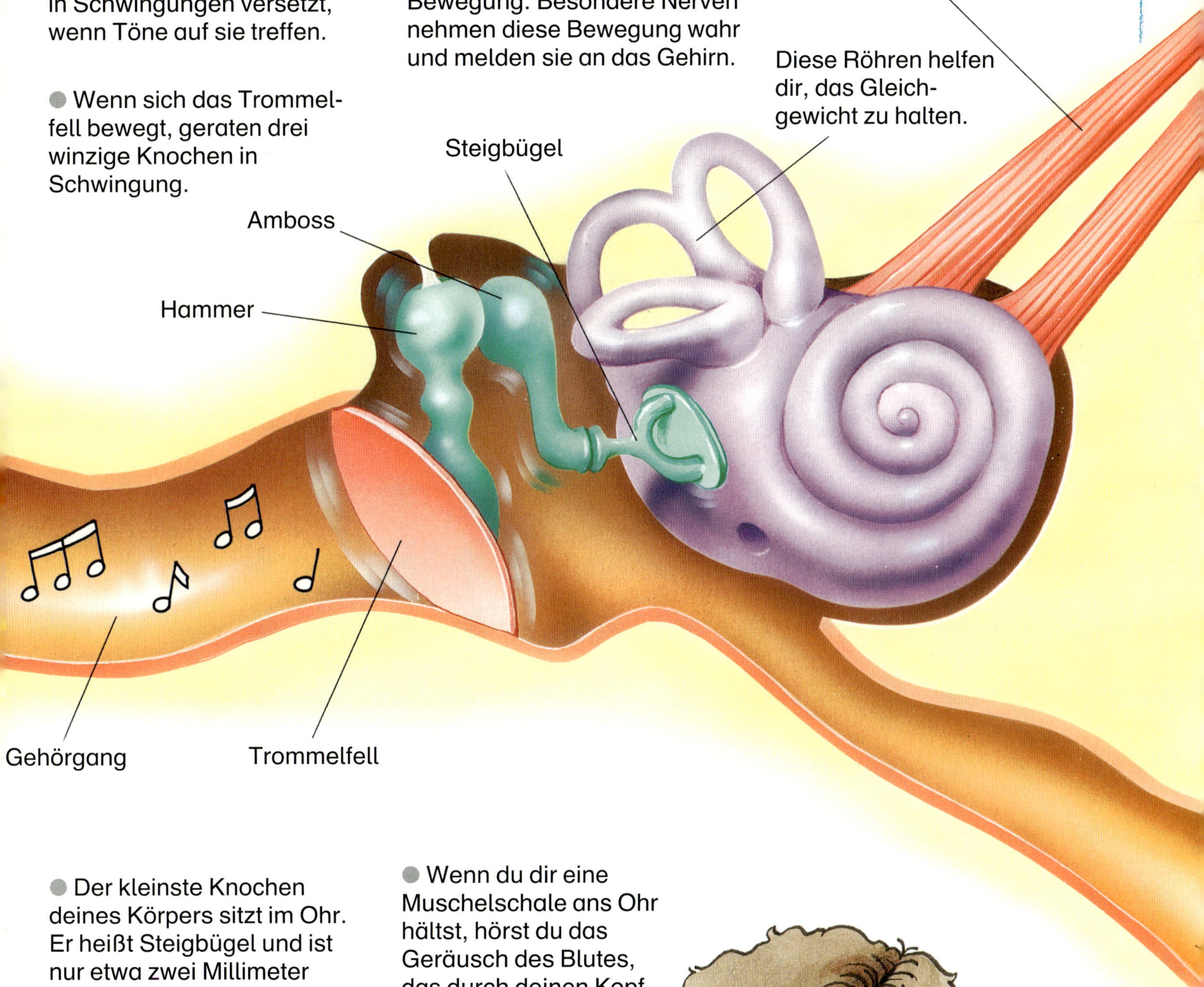

● Der kleinste Knochen deines Körpers sitzt im Ohr. Er heißt Steigbügel und ist nur etwa zwei Millimeter groß – klein genug, um auf dieses u hier zu passen.

● Wenn du dir eine Muschelschale ans Ohr hältst, hörst du das Geräusch des Blutes, das durch deinen Kopf fließt. Das klingt fast wie das Rauschen des Meeres.

Wozu ist meine Nase da?

Mit deiner Nase kannst du riechen. Außerdem hilft sie der Zunge beim Schmecken. Das ist möglich, weil winzige Duftteilchen aus der Nahrung beim Essen mit der Luft in die Nase gelangen. Diese Teilchen sind so klein, dass man sie nicht sehen kann, aber Nerven in der Nase finden sie und schicken Meldungen über sie an das Gehirn.

● Wenn du erkältet bist, ist deine Nase „zu". Dann kann keine Luft an die Nerven in der Nase gelangen und du schmeckst nicht, was du isst.

● Mit diesem Versuch kannst du ausprobieren, wie stark dir die Nase beim Schmecken hilft.

1 Nimm zwei verschiedene Sorten Fruchtjoghurt.

2 Schließe die Augen und halte dir die Nase zu.

3 Versuche herauszufinden, welchen Joghurt du gerade isst.

● Um herauszufinden, wie dir deine Zunge beim Sprechen hilft, lege deinen Finger darauf und versuche, „Hallo“ zu sagen.

Wozu ist meine Zunge da?

Mit der Zunge schmeckst du, aber sie hilft dir auch beim Sprechen und Singen. Sie ist mit vielen kleinen Höckern bedeckt, die Geschmacksknospen heißen und die über die Geschmacksnerven dem Gehirn von all den leckeren Dingen berichten, die du isst und trinkst.

Warum fallen Zähne aus?

Wenn du heranwächst, werden auch die meisten Teile deines Körpers größer. Aber Zähne können nicht wachsen, deshalb werden sie durch neue ersetzt. Solange du noch klein bist, hast du 20 kleine Zähne, die Milchzähne heißen. Wenn du etwa fünf oder sechs Jahre alt bist, fangen sie an auszufallen und an ihrer Stelle wachsen neue, größere Zähne.

● Wenn du erwachsen bist, wirst du zwischen 28 und 32 Zähne haben.

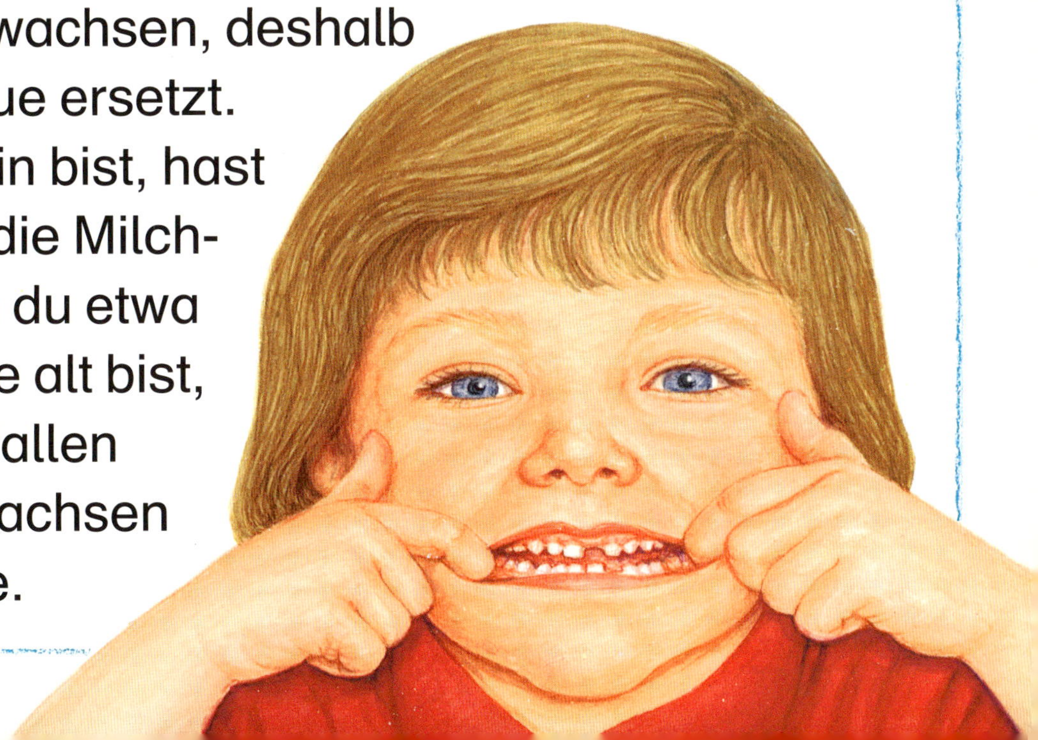

Warum bin ich manchmal krank?

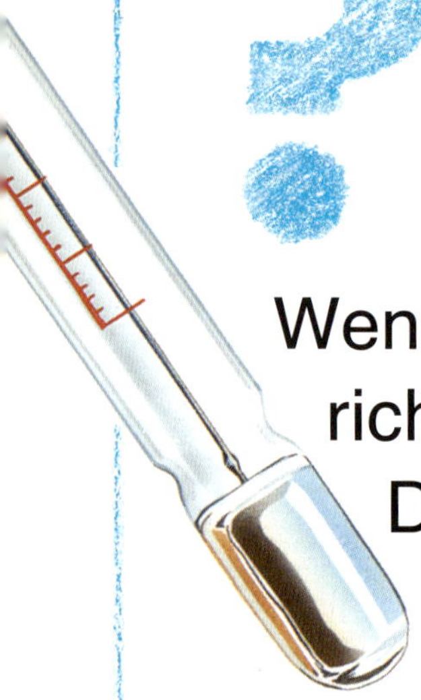

Wenn ein Teil deines Körpers nicht richtig funktioniert, wirst du krank. Dir geht es nicht gut. Vielleicht hast du Bauchschmerzen oder einen juckenden Hautausschlag. Viele Krankheiten werden durch Bakterien verursacht, die in deinen Körper eindringen.

● Dein Körper bekämpft die eingedrungenen Bakterien. Vielleicht gibt der Arzt dir eine Medizin, die ihm dabei hilft.

● Manche Bakterien lieben Schmutz. Wenn du dich aber regelmäßig wäschst und dir die Zähne putzt, können sie dir nichts tun.

● Obwohl du dich bei einer Erkältung oft sehr krank fühlst, funktioniert dein Körper doch weitgehend normal.

Was sind Bakterien?

Bakterien sind winzige Lebewesen, die viel zu klein sind, als dass du sie sehen könntest. In unserer Umgebung und in unserem Darm leben ständig Milliarden von ihnen. Die meisten Bakterien sind harmlos, aber manche von ihnen können dich krank machen, wenn sie in deinen Körper gelangen – zum Beispiel durch eine Schnittwunde oder wenn du etwas Verdorbenes isst. Wenn das passiert, bekämpft dein Blut die eingedrungenen Bakterien.

Warum bekomme ich eine Spritze?

Ein Arzt oder eine Krankenschwester gibt dir eine Spritze, wenn eine Medizin direkt in dein Blut gelangen soll. Das mag niemand gern, aber ein kleiner Piekser ist besser, als lange krank zu sein.

● Babys bekommen viele Spritzen, damit ihr Körper Krankheitserreger bekämpfen kann.

Wozu ist die Haut da?

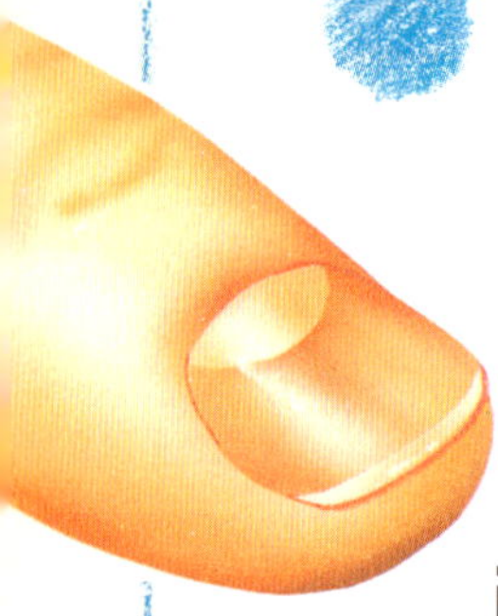

Die Haut ist die dehnbare Hülle deines Körpers. Sie bedeckt ihn vollkommen, umschließt seine inneren Teile und schützt ihn vor Verletzungen.

● Deine Haut erhält ihre Farbe von dem Farbstoff Melanin. Menschen mit dunkler Haut haben mehr Melanin als Menschen mit heller Haut.

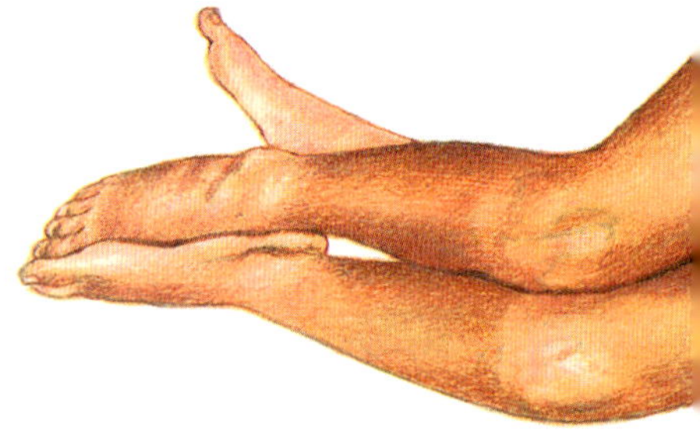

Wie dick ist meine Haut?

An den meisten Stellen ist deine Haut nicht viel dicker als Pappe. Doch obwohl sie so dünn ist, passiert sehr viel in ihr. In der Haut wachsen Haare und auch Schweiß wird in ihr gebildet. Außerdem enthält sie Blutgefäße und Nerven, die Botschaften ans Gehirn senden.

● So sieht deine Haut unter dem Mikroskop aus.

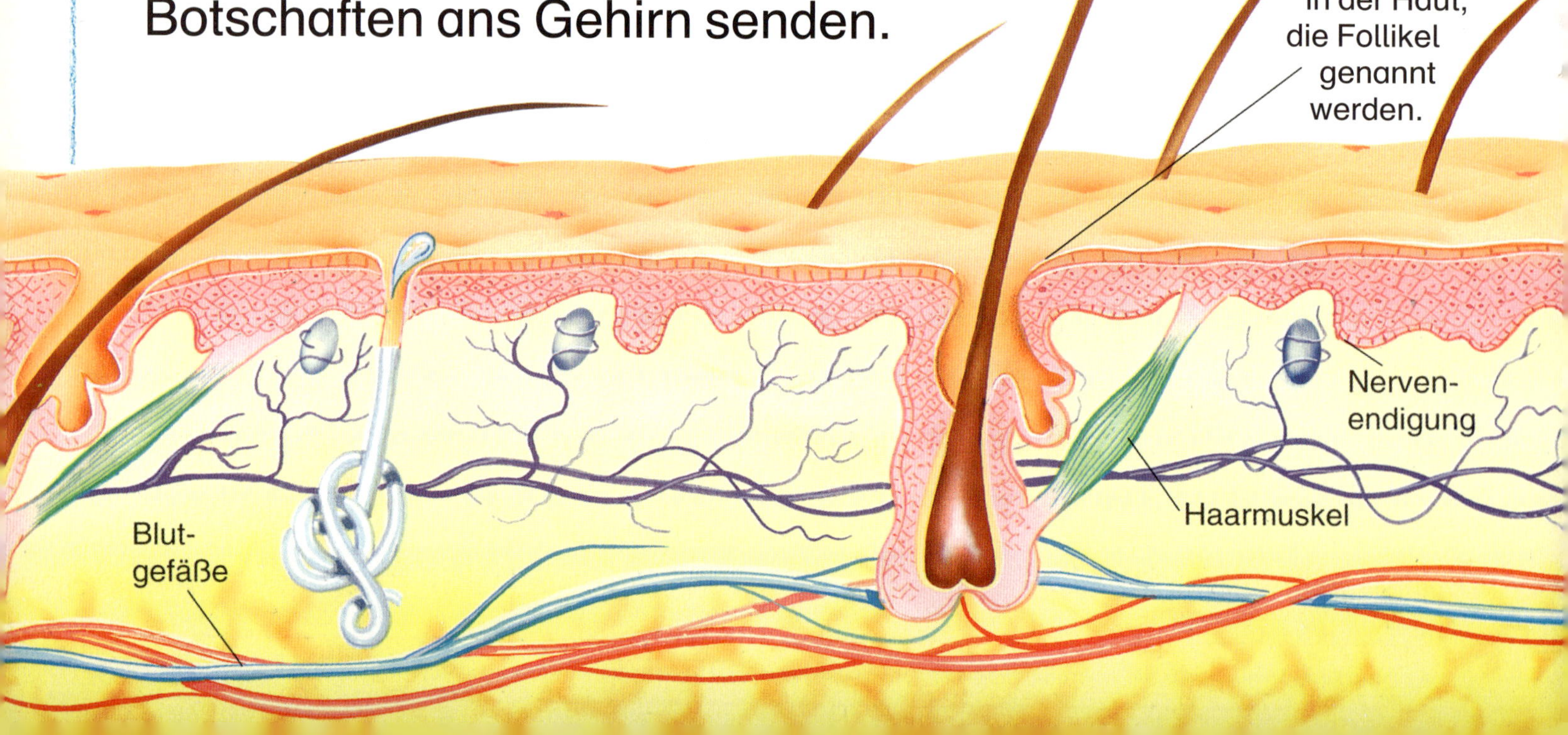

● Ob du nun helle oder dunkle Haut hast, zu viel Sonne kann deine Haut verbrennen. Trage deshalb einen Sonnenhut und reibe dich mit Sonnenschutzcreme ein.

● Schweiß ist salziges Wasser, das dein Körper abgibt, wenn er zu warm ist.

Was ist eine Gänsehaut?

Wenn eine Katze friert, stellt sich ihr Fell auf. Die aufgestellten Fellhaare halten viel warme Luft dicht am Körper. Auch deine Haare richten sich auf, wenn dir kalt ist. Die Gänsehaut entsteht, weil sich dabei die kleinen Haarmuskeln zusammenziehen. Das nützt jedoch nicht viel, weil du nicht genug Haare hast.

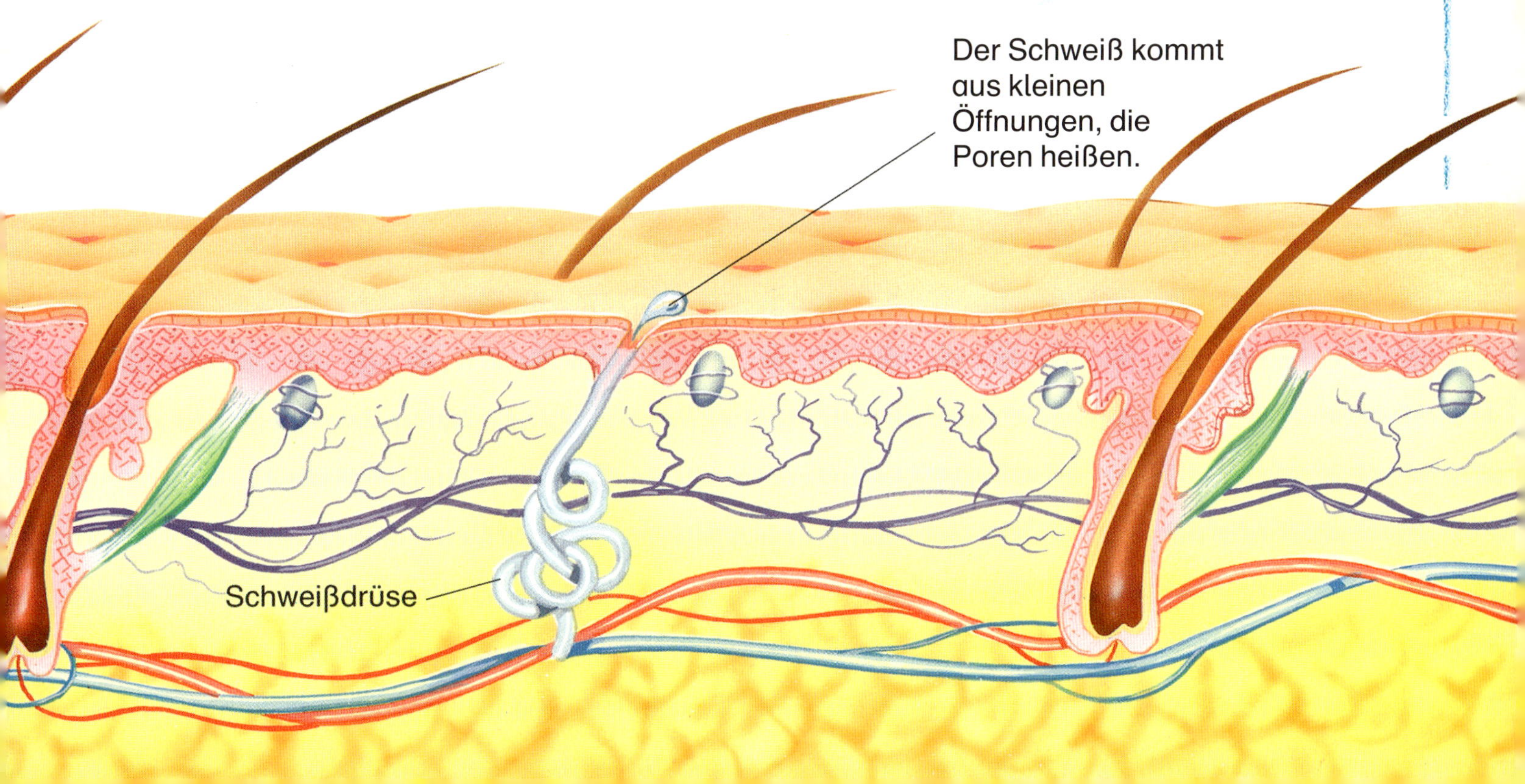

Kommunikation

Wann gab es die ersten Bildergeschichten?

Vor über 20 000 Jahren! In der Steinzeit malten die Menschen Bilder auf Höhlenwände, um Geschichten zu erzählen – zum Beispiel von der Jagd. Diese Gemälde zeigen uns auch, dass Steinzeitmenschen aus Erde, Holzkohle und Pflanzen Farbe herstellen konnten.

Was kann uns ein Fenster sagen?

Bunt bemaltes Fensterglas in Kirchen erzählt häufig Geschichten aus der Bibel. Früher konnten nur sehr wenige Menschen lesen, die Bildergeschichten aber – wie etwa die von Noah und der Flut – konnte jeder verstehen.

● Wenn ein Künstler früher ein Portrait malte, gab es auf dem fertigen Bildnis oft weitere Einzelheiten über die gemalte Person zu sehen. Der berühmte Maler Francisco de Goya etwa malte sich selbst bei der Arbeit und zeigte somit gleichzeitig die von ihm bevorzugten Pinsel und Farben.

Warum trugen die Ritter Wappen?

Unter ihren Helmen war es unmöglich, die einzelnen Ritter zu erkennen, besonders im Kampfgetümmel! Daher schmückte ein Wappen die Lanze, das Schutzschild und sogar das Pferd jeden Ritters! So war sichergestellt, dass keiner der eigenen Mannen ihn mit dem Feind verwechselte.

● Graffiti-Sprüher werden manchmal beauftragt, ganze Wände zu bemalen, um Stadtviertel schöner zu machen. Aber nicht alle Graffitis gelten als Kunst! Viele Städte geben viel Geld aus, um unerwünschte Graffitis wieder zu entfernen.

Was ist eine „tote“ Sprache?

Eine tote Sprache ist eine Sprache, die niemand mehr spricht. Vor 2 000 Jahren sprachen viele Menschen Lateinisch. Latein wird heute zwar noch an Schulen gelehrt, doch nicht mehr im Alltag gebraucht. Die Sprache ist also tot.

Wann gab es die erste Sprache?

Niemand weiß, wie oder wann die ersten Worte entstanden. Zunächst ahmten die Menschen wohl nur die Laute aus ihrer Umgebung nach, wie das Pfeifen des Windes. Aus den Lauten wurden Worte, die die Verständigung erleichterten.

● Auch dein Name kann etwas über dich aussagen! Um 1100 begann man in Europa damit, die Berufsbezeichnung als Nachnamen zu verwenden. Nun rate mal, womit jemand mit dem Nachnamen Bäcker früher wohl seine Brötchen verdient hat!

● Das Leben wäre viel einfacher, wenn alle die gleiche Sprache sprechen würden. Immer wieder hat man versucht, eine künstliche Weltsprache zu erfinden. Esperanto ist die bekannteste – mehr als 100 000 Menschen gebrauchen sie.

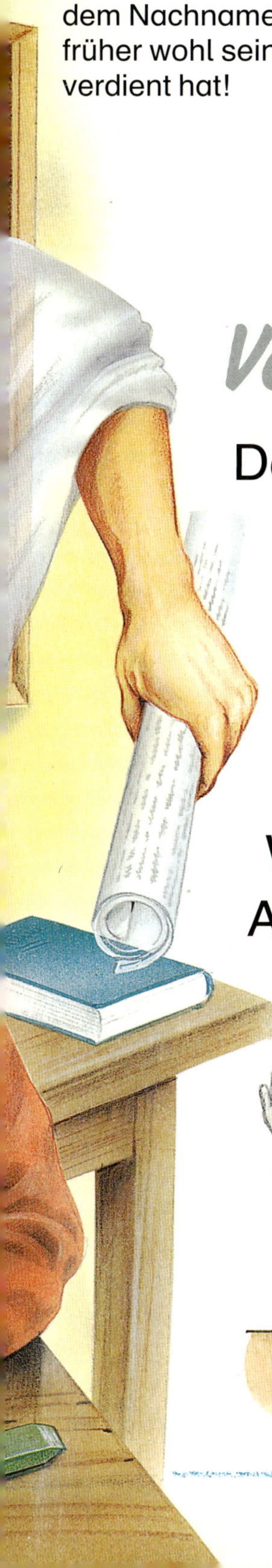

Verändern sich Sprachen?

Dauernd werden neue Wörter geschaffen. Überlege nur einmal, was wir Menschen in den letzten einhundert Jahren alles entdeckt haben. Seit wir das All erforschen, wurden zum Beispiel Wörter wie Raumschiff, Astronaut und Düsenantrieb neu erfunden.

● Ein Sprachsynthesizer ist eine spezielle Maschine für Menschen, die nicht sprechen können. Sie tippen die Wörter, die sie sagen wollen, über eine Tastatur ein und der Synthesizer spricht sie für sie aus.

Wann begann man zu schreiben?

Die erste Schriftsprache wurde vor über 5 000 Jahren von den Sumerern erfunden. Sie bestand aus kleinen Bildern, die als Symbol für Gegenstände und Begriffe dienten. Später wurden auch Zeichen für Laute entwickelt. Nun konnte jedes gesprochene Wort geschrieben werden.

Wo benutzte man Pflanzen als Papier?

Im alten Ägypten! Die Ägypter schnitten die Stängel der Papyrusstaude, die am Nilufer wächst, in dünne Streifen und pressten sie zu Blättern zusammen. Unser Wort „Papier“ kommt von „Papyrus“.

Wahrscheinlich begannen Menschen zu schreiben, um Geld- und Warenaustausch besser zu überblicken.

Wer benutzte eine „Geheimschrift“?

Die Wikinger benutzten Runen als Schriftzeichen. Das Wort Rune bedeutet „Geheimnis“. Vor 1 000 Jahren konnten nur wenige Menschen lesen und schreiben. Man glaubte sogar, dass alle, die die Runen entziffern konnten, über Zauberkräfte verfügten.

Auf einem elektronischen Notizblock kann man wie auf einem ganz gewöhnlichen Block schreiben, man braucht dazu nur einen speziellen Stift. Manche Blöcke speichern deine Eingaben direkt, andere verwandeln deine Handschrift in Druckbuchstaben.

Warum sind Schreibmaschinen zum Verrücktwerden?

Neue Erfindungen machen den Menschen oft Angst. Als 1874 die ersten Schreibmaschinen aufkamen, warnten Ärzte, dass sie einen ganz verrückt machten.

Wie gelangt ein Brief zum Empfänger?

● In abgelegenen Gegenden kommt die Post einmal wöchentlich mit dem Postflugzeug.

Wenn du einen Brief schreibst, gelangt er zunächst vom Briefkasten zum nächsten Postamt. Dort kommt er zusammen mit anderen Sendungen in einen Postsack für den gleichen Bereich. Der Sack mit deinem Brief wird dann an die Poststelle verschickt, die dem Empfänger am nächsten liegt. Und der Postbote trägt den Brief aus.

● Buffalo Bill war Postbote beim sogenannten „Ponyexpress“, einer Gruppe von schnellen Reitern, die 1860 anfingen, die Post quer durch Amerika zu verteilen. Doch schon gut ein Jahr später wurde der „Ponyexpress“ arbeitslos, da man nun Telegramme schreiben konnte.

Brieftauben werden seit Jahrtausenden als Nachrichtenüberbringer eingesetzt. Schon die alten Ägypter nutzten sie.

Warum war ein Brieffreund früher ein teures Vergnügen?

Früher musste der Empfänger seine Post bezahlen – ein teures Vergnügen, wenn man berühmt war! Doch 1840 führte Sir Rowland Hill das heutige Postsystem ein. Von nun an musste der Absender die Zustellgebühren im Voraus bezahlen!

Das Verschicken von elektronischer Post per Computer geht blitzschnell! Im Vergleich dazu ist der Postweg recht langsam und wird daher scherzhaft „Schneckenpost“ genannt.

Vor rund 2500 Jahren errichtete Xerxes, König von Persien, eine Rufpostkette, über die man Nachrichten von einer Post zur nächsten rief. Die Nachrichten kamen zwar schneller an als mit Pferd und Reiter – doch wenn der Wind aus der falschen Richtung blies, gab es keine Post!

Wie werden Bilderbücher gedruckt?

Die Bilder in diesem Buch wurden mit nur vier Farben gedruckt – Gelb, Schwarz, Magenta und Cyan. Magenta ist ein roter Farbton, Cyan ein blauer. Beim Drucken wird jede Farbe einzeln auf das Papier aufgetragen. So entstehen verschiedene Mischtöne.

● 1450 erfand Johannes Gutenberg eine neue Druckerpresse mit einzelnen, gegossenen Lettern. Da diese Druckbuchstaben beweglich waren, konnten sie immer wieder verwendet werden. Davor wurden die meisten Bücher per Hand vervielfältigt. Jetzt ging alles viel schneller!

● Wenn du dir diese Seite durch eine Lupe ansiehst, erkennst du, dass alle Farben aus winzigen schwarzen, gelben, magentaroten und cyanblauen Punkten bestehen. Werden sie übereinandergedruckt, vermischen sie sich.

Auf Plakaten kann vieles stehen – Werbung, Gefahrenhinweise oder Hilferufe.

Wie wird eine Zeitung gemacht?

Mithilfe unzähliger Menschen! Reporter schreiben über die neuesten Ereignisse und Fotografen liefern die Bilder. Wenn der Verleger entschieden hat, was in die Zeitung kommt, setzen die Gestalter Texte und Bilder am Computer zusammen. Am Ende werden die Seiten auf einer Druckmaschine gedruckt und gefalzt.

Fotograf Geschichte Reporter Verleger Gestalter Drucker

Warum klingelt das Telefon?

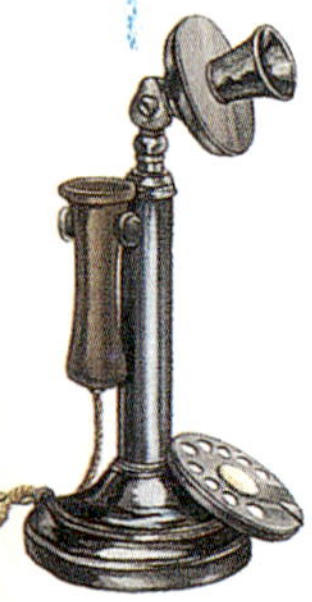

Es klingelt, damit du weißt, dass dich jemand sprechen möchte! Sobald jemand deine Nummer wählt, klingelt bei dir das Telefon. Antwortest du, wird deine Stimme in Form von elektrischen Signalen durch die Leitung geschickt und dein Gesprächspartner kann dich hören!

● Der Kontakt zu einem Gesprächspartner wird heute automatisch über Computer hergestellt.

● Früher wurden Ferngespräche per Hand vermittelt. Ein Vermittler fragte, mit welcher Nummer man eine Verbindung wünschte, und stöpselte dann die passenden Drähte ein.

Gibt es Kabel aus Glas?

Lichtwellenleiter bestehen aus haarfeinen Glasfasern, die zu Kabeln gedreht werden. Sie dienen als Datenautobahn für die Übertragung von Telefongesprächen oder Fernsehprogrammen. Sie befördern Daten mit Lichtgeschwindigkeit.

● Telefone gibt es in allen Formen und Größen, als winzige Mobiltelefone oder in Form einer Comicfigur. Doch alle müssen zwei Grundbestandteile haben – ein Mikrofon, in das man hineinspricht, und einen Hörer, in den man hineinhört.

Was wandert durch die Leitungen?

● In Amerika gibt es über 100 Millionen Telefone. In Washington gibt es sogar mehr Telefone als Einwohner!

Auch Bilder oder Texte wandern durch die Leitung. Mit einem Bildtelefon kannst du deinen Gesprächspartner sehen und mit einem Faxgerät Briefe, Zeichnungen und Fotos verschicken. Auch die elektronische Post der Computer wird über Telefonleitungen verschickt.

Wie reisen Daten durch das All?

Satelliten sind Raumfahrzeuge, die die Kommunikation über weite Entfernungen hinweg ermöglichen. Sie senden in Sekundenbruchteilen Radio-, Fernseh-, Telefon- oder Computersignale von einem Land ins andere! Sie empfangen Signale von riesigen Schüsseln auf der Erde und leiten sie weiter.

Schutzgehäuse
Ein Gehäuse schützt die empfindlichen Teile des Nachrichtensatelliten vor Sonneneinstrahlung.

Solarzellen
Übertragungssatelliten werden durch Sonnenenergie angetrieben. Sie besitzen Solarzellen, die die Sonnenenergie in Elektrizität umwandeln.

An alle Außerirdischen!
Die Raumsonden Pioneer I und II hatten ein Bild an Bord, das einen Mann und eine Frau zeigte, sowie eine Karte, die angab, wo im Sonnensystem sich die Erde befindet.

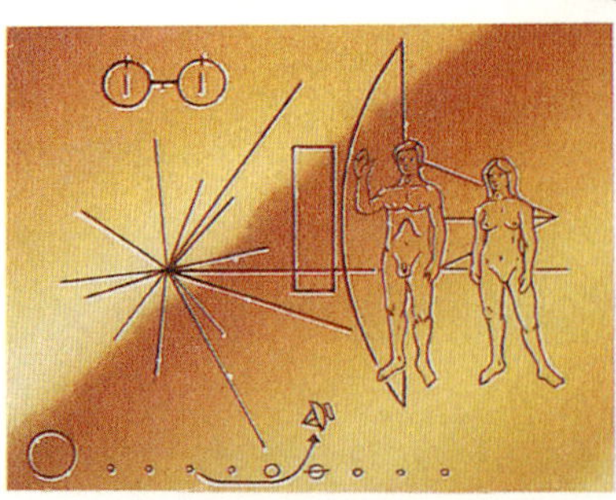

● Das Hubble-Teleskop wurde mit dem Spaceshuttle ins All befördert. Es sendet Bilder auf die Erde und zeigt Sterne, die zehn Milliarden Lichtjahre von uns entfernt sind.

Versuchen Außerirdische Kontakt mit uns aufzunehmen?

Es gibt keinerlei Beweise für die Existenz von Außerirdischen. Aber für den Fall, dass fremde Wesen mit uns Kontakt aufnehmen wollen, empfangen riesige Radioteleskope ununterbrochen Radiowellen aus dem Weltraum. Bislang gab es allerdings keine Nachrichten von Außerirdischen.

Satellitenschüsseln
Übertragungssatelliten haben mehrere Parabolantennen, die jeweils auf eine Erdstation oder auf einen anderen Satelliten gerichtet sind. So können sie viele verschiedene Signaltypen auffangen und senden.

Wie kommen Nachrichten ins Fernsehen?

Journalisten können selbst von den entlegensten Orten der Welt aus in Sekundenschnelle Filmbeiträge in ein Nachrichtenstudio senden. Dafür benutzen sie einen tragbaren Satellitensender, der die Berichte an einen Satelliten ins All überträgt, von wo aus sie zurück an die Fernsehstation auf der Erde abgestrahlt werden.

● In fast allen Teilen der Welt arbeiten Korrespondenten für Nachrichtensender. So können sie jederzeit über die aktuellsten Ereignisse berichten.

Wer brachte die Stummfilme zum Sprechen?

Die ersten Filme liefen ohne Ton. Für die stimmungsvolle Untermalung eines Films sorgten Klavierspieler. Der erste längere Tonfilm trug den Titel „Die Jazzsinger“ und erschien 1927. Der Film war ein Riesenerfolg.

Es gibt Fernseher, die so flach wie ein Bilderrahmen sind. Sie haben eine LCD-Anzeige – eine Flüssigkristallanzeige wie die Bildschirme handgesteuerter Computerspiele.

Mit einer Videokamera kannst du deinen eigenen Film drehen. Du kannst damit auch Videobotschaften an Freunde und Verwandte schicken, die weiter weg wohnen.

Bestimmt sind dir schon einmal Überwachungskameras in Geschäften oder an Gebäuden aufgefallen. Im Falle eines Verbrechens kann die Polizei den Film darin zurückspulen, um das Geschehen zurückzuverfolgen.

Bauwerke

Woraus werden Häuser gebaut?

Die meisten Häuser sind aus Backstein gemauert, doch man kann fast jedes Material verwenden – es muss nur stark genug sein und dem Wetter standhalten. Bevorzugt werden Materialien verwendet, die leicht zu beschaffen sind: Backstein, Ziegelstein, Holz, Schilf oder Lehm.

● Der Maurer gibt Mörtel zwischen die Backsteine. Mörtel ist ein Gemisch aus Wasser, Sand und Zement, das die Steine miteinander verbindet.

● Im Sommer schützen uns Häuser vor Hitze, im Winter vor Kälte und Regen.

● Das Mauerwerk eines zweistöckigen Hauses besteht aus rund 12 000 Backsteinen.

● Manche Vogelarten bauen Nester aus Lehm. Lehmziegel formen sie allerdings nicht daraus.

● Im Wald gibt es keine Mauersteine, dafür aber jede Menge Holz für den Bau von Holzhütten.

● Die Sumpflandbewohner im südlichen Irak bauen schöne Häuser aus Schilfrohr.

● In heißen Gegenden wie in Afrika baut man Häuser oft aus einem Gemisch aus Lehm und Stroh. In der Sonne wird es schnell trocken und fest.

Warum fallen Decken nicht herunter?

Das Gewicht von Decken und Böden wird von starken Holzbalken getragen. In jedem Zimmer liegen diese Träger unter den Fußbodendielen und über der Decke.

Das Dach wird von dicken Holzdachsparren zusammengehalten und ist mit Ziegeln gedeckt, damit es nicht hineinregnet.

Manchmal wohnen unter dem Fußboden ungebetene Gäste, wie etwa gefräßige Holzwurmmaden.

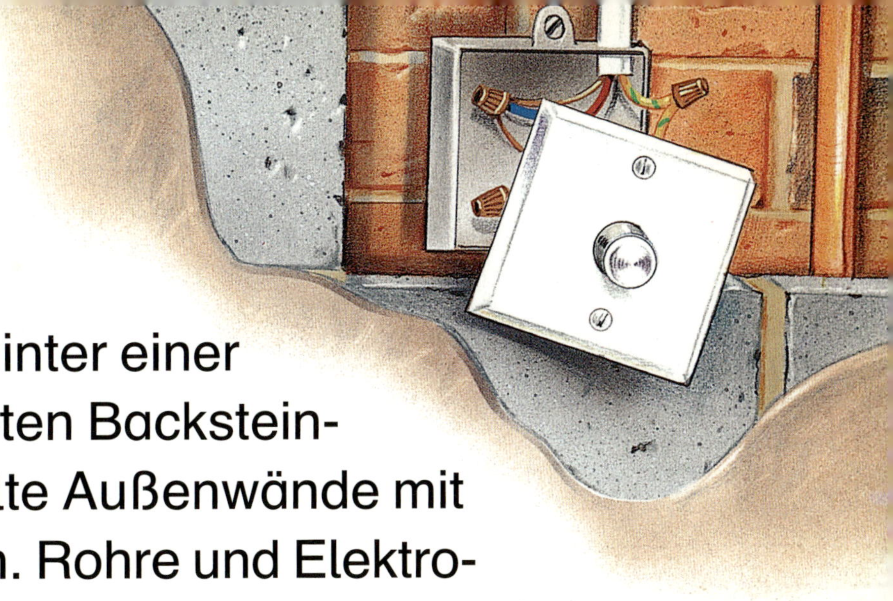

Was ist hinter einer Wand?

Normalerweise befindet sich hinter einer Wand nichts als Luft! Die meisten Backsteinhäuser haben nämlich doppelte Außenwände mit Hohlräumen dazwischen. Rohre und Elektrokabel werden darin verlegt.

● Ein Haus bauen ist Gemeinschaftsarbeit: Der Klempner verlegt die Rohre, der Elektriker die Kabel und der Schreiner setzt Fenster, Türen und Schränke ein.

Was ist unter dem Fußboden?

Unter dem Fußboden liegen Rohre. Wasserrohre leiten sauberes Wasser durch das Haus und Abflussrohre leiten das Abwasser ab. Es gibt aber auch Gasrohre, durch die Gas zum Heizen, Kochen und Waschen strömt.

Was macht ein Bulldozer?

Bulldozer nennt man auch Planierraupen. Sie schaffen Bauschutt weg und ebnen den Boden ein, damit man ihn bebauen kann. Eine riesige Stahlschaufel an der Vorderseite hebt haufenweise Erde, Steine oder Schutt vom Boden. Bulldozer sind ungeheuer schwere und starke Maschinen – ideal, um etwas beiseitezuschaffen.

● Manche Bulldozer haben an der Rückseite einen Arm mit großen Metallspitzen, die man Spaltmesser nennt. Sie werden eingesetzt, um hartes Gestein zu spalten oder Baumstümpfe aus der Erde zu ziehen.

● „Bull" ist das englische Wort für Stier.

Es gibt sogar spezielle Unterwasser-Bulldozer, die den Boden von Flüssen oder Meeren glatt walzen, um darauf Brücken bauen zu können.

Ein Bulldozer gewann einmal im Tauziehen gegen 150 Menschen!

Warum bleiben Bulldozer nicht stecken?

Ein Bulldozer hat keine Reifen, sondern sogenannte Raupenketten, die an jeder Seite über Vorder- und Hinterrad laufen. Raupenketten haben eine gute Bodenhaftung und verhindern, dass der Bulldozer in weicher Erde oder im Schlamm einsinkt.

Ein Bulldozer wiegt etwa 500-mal so viel wie du. Doch im Gegensatz zu dir sinkt er wohl nicht so schnell im Schlamm ein, denn sein Gewicht wird über die Raupenketten gleichmäßig verteilt.

Warum werden Löcher ausgehoben?

Will man ein Haus bauen, muss man zuerst Löcher aus dem Boden heben. Diese werden dann mit flüssigem Beton aufgefüllt, der erhärtet. Auf diesem festen Grund, dem sogenannten Fundament, wird danach das Haus gebaut.

● Viele Schaufelbagger sind vorne mit einem großen Schaufelkorb und hinten mit einem Aushubkorb versehen.

● Ein Bagger gräbt so schnell wie zwanzig Leute mit Spaten.

● Die größten Bagger können das Gewicht von fünf großen Autos auf einmal heben. Eingesetzt werden die sogenannten Löffelbagger im Grubenbau. Sie sind rund zehnmal größer als durchschnittliche Schaufelbagger.

● Bagger heben auch Gruben für den Bau von Schwimmbecken, Müllhalden und streng geheimen unterirdischen Lagern aus!

Was macht ein Schaufelbagger?

Ein Schaufelbagger kann mehr als nur Erde ausheben. Der große Korb ist auch gut geeignet, um Geröll auf einen Laster zu schaufeln. Mit einer Art Schere kann er außerdem Balken und Rohre greifen und heben.

Auch ein schwerer Hammer lässt sich an einen Bagger montieren, um beispielsweise große Steine zu zertrümmern.

Haben Gebäude Wurzeln?

Wolkenkratzer stehen auf Fundamentpfeilern aus Stahl oder Beton. Sie erfüllen die gleiche Funktion wie Baumwurzeln: Sie verhindern, dass das Gebäude bei Sturm umkippt oder unter seinem eigenen Gewicht in die Erde absinkt.

Welcher Hammer ist der stärkste?

Um einen Nagel in die Wand zu schlagen, braucht man einen Hammer. Um einen Stahlpfeiler in den Boden zu schlagen, verwendet man einen viel größeren Hammer, einen sogenannten Pfahlrammer. Ein Kran hebt ihn hoch und lässt ihn auf den Pfeiler krachen.

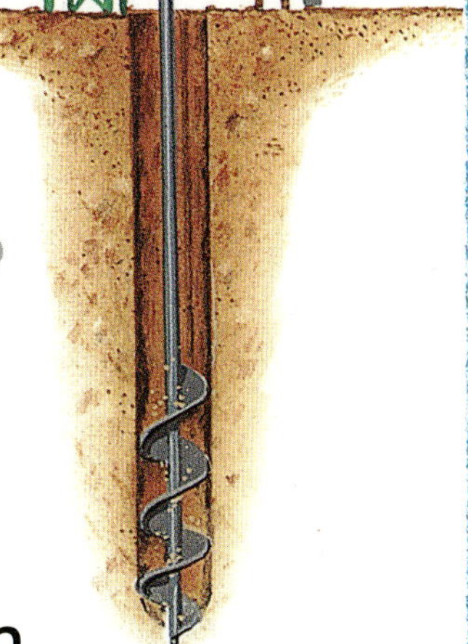

Welcher Schraubenzieher ist der größte?

Manchmal werden Pfahllöcher mit einem großen Schneckenbohrer gebohrt – einem langen, sich drehenden Schneidwerkzeug, das sich wie ein riesiger Schraubenzieher tief in die Erde bohrt. Danach wird ein Stahlpfeiler in das Loch gesetzt und mit Tonnen von Beton ausgegossen.

- Die Pfeiler einiger Wolkenkratzer reichen über 50 Meter tief in den Boden hinein – als wären fünf Häuser übereinander im Boden versenkt.

- In vielen Städten und Ländern ist der Einsatz von Pfahlrammern zu nachtschlafender Zeit verboten. Sie machen einfach viel zu viel Radau.

Haben Gebäude ein Skelett?

Heute haben die meisten Bauwerke inwendig ein starkes Stahlgerippe. Dieses Gerippe hat eine ähnliche Funktion wie das Knochenskelett im menschlichen Körper. Es stützt das Gebäude und verhindert, dass es zusammenbricht.

- Einige Balken werden mit großen Nägeln, sogenannten Nieten, miteinander verbunden. Diese werden durch Löcher geschlagen und dann an den Enden geplättet, damit sie nicht wieder herausrutschen.

- Andere Balken werden durch Schweißen zusammengefügt. D
werden die Enden erhitzt, bis si
schmelzen und wie heiße Schok
lade ineinanderfließen. Beim Abkühlen erhärten sich die Enden wieder und sind fest verschweißt.

- Das Gerippe eines Wolkenkratzers besteht aus Stahlbalken und Rohren. Es gibt verschiedene Trägertypen, darunter einen, der am Ende buchstabenförmig geformt ist – wie ein I oder ein H. Balken dieses Typs sind stärker und leichter als quadratische Balken.

Sind Gebäude verkleidet?

Von außen sieht man an einem Gebäude Fenster und Wände. Moderne Wolkenkratzer sind oft mit einer Glas- oder Kunststofffassade sowie dünnen Beton- oder Steinplatten vertäfelt. Diese Fassaden und Platten nennt man Verkleidung.

Welcher Kran ist der höchste?

Turmkräne ragen mitunter höher in den Himmel als 15 übereinandergestapelte Häuser. So hohe Kräne sind nötig, wenn man Wolkenkratzer bauen will, um Baumaterial nach oben zu befördern.

● Den Arm eines Krans nennt man Kranbalken oder Ausleger. Die Last, die der Kran am vorderen Ende des Balkens hebt, wird von einem Gegengewicht am hinteren Ende ausgeglichen – ein bisschen wie bei einer Wippe.

Wie viel Gewicht kann ein Kran heben?

Die stärksten Kräne stehen auf speziellen Schwimmplattformen im Meer und können Schiffe, die über 5 000 Tonnen wiegen, vom Meeresboden heben. Das ist so, als würde ein einzigen Kran alle Menschen, die in ein riesiges Fußballstadion passen, auf einmal hochheben.

● Woher kommt wohl die Bezeichnung Kran? Logisch – ein Kran ist groß und schlank wie der langhalsige Stelzenvogel namens Kranich.

● Bis zum Führerhaus eines Turmkrans ist es ein langer Aufstieg. In machen gibt es sogar eine Toilette, damit der Kranführer nicht immer rauf- und runterklettern muss.

● Wärst du gerne Kranführer? Dann sei froh, dass du nicht vor 2 000 Jahren gelebt hast. Im alten Rom waren die Kranführer nämlich Sklaven, die den ganzen Tag in einem großen Rad, einer sogenannten Tretmühle, laufen mussten.

Welches sind die höchsten Bauwerke der Welt?

Wolkenkratzer sind die höchsten Bauwerke der Welt – doch halten sie diesen Rekord erst seit ungefähr einhundert Jahren. Davor waren die großen Kathedralen Europas die höchsten Gebäude.

3 1887-89 wurde der 300 Meter hohe Eiffelturm in Paris erbaut.

● In den oberen Etagen eines Wolkenkratzers wohnt man mitunter so hoch über den Wolken, dass man telefonisch nachfragen muss, ob es unten auf der Straße vielleicht regnet.

1 Die größte Pyramide wurde vor 4 500 Jahren in Giseh in Ägypten erbaut. Sie ist 146 Meter hoch.

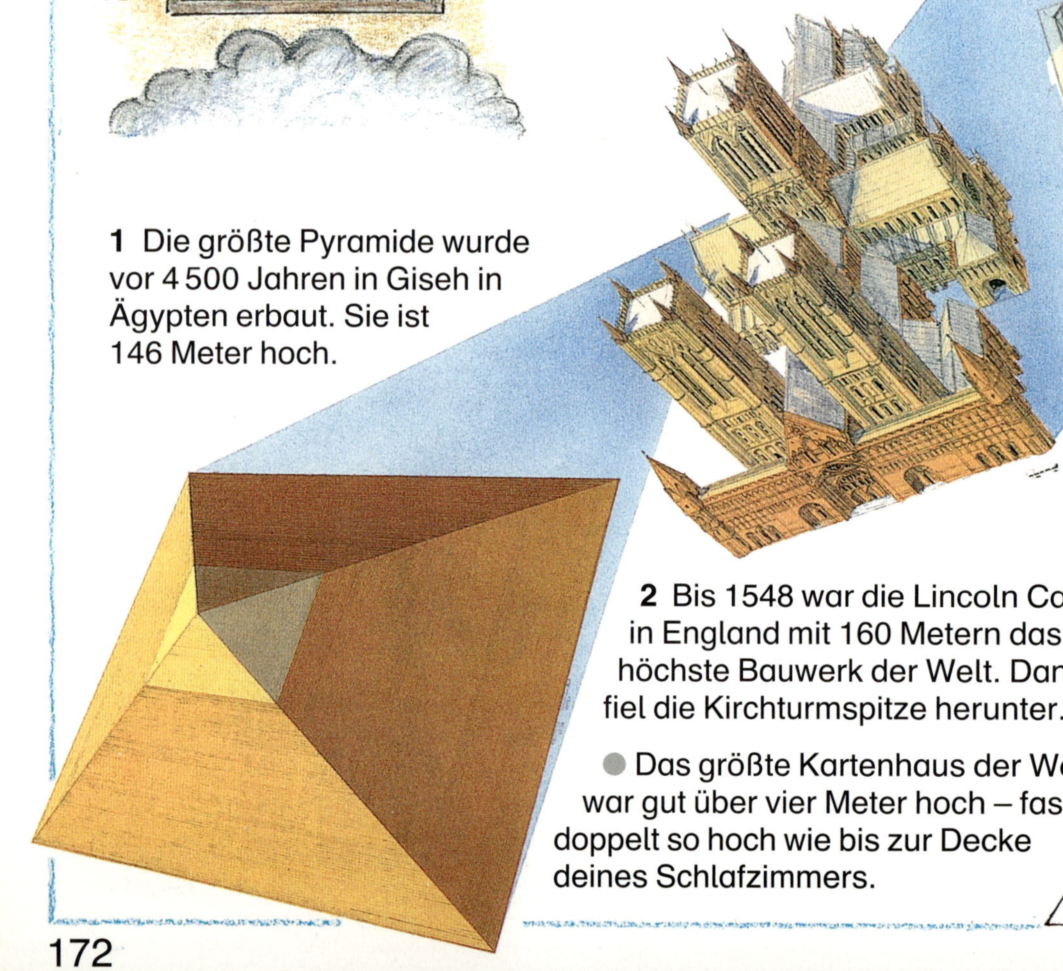

2 Bis 1548 war die Lincoln Cathedral in England mit 160 Metern das höchste Bauwerk der Welt. Dann fiel die Kirchturmspitze herunter.

● Das größte Kartenhaus der Welt war gut über vier Meter hoch – fast doppelt so hoch wie bis zur Decke deines Schlafzimmers.

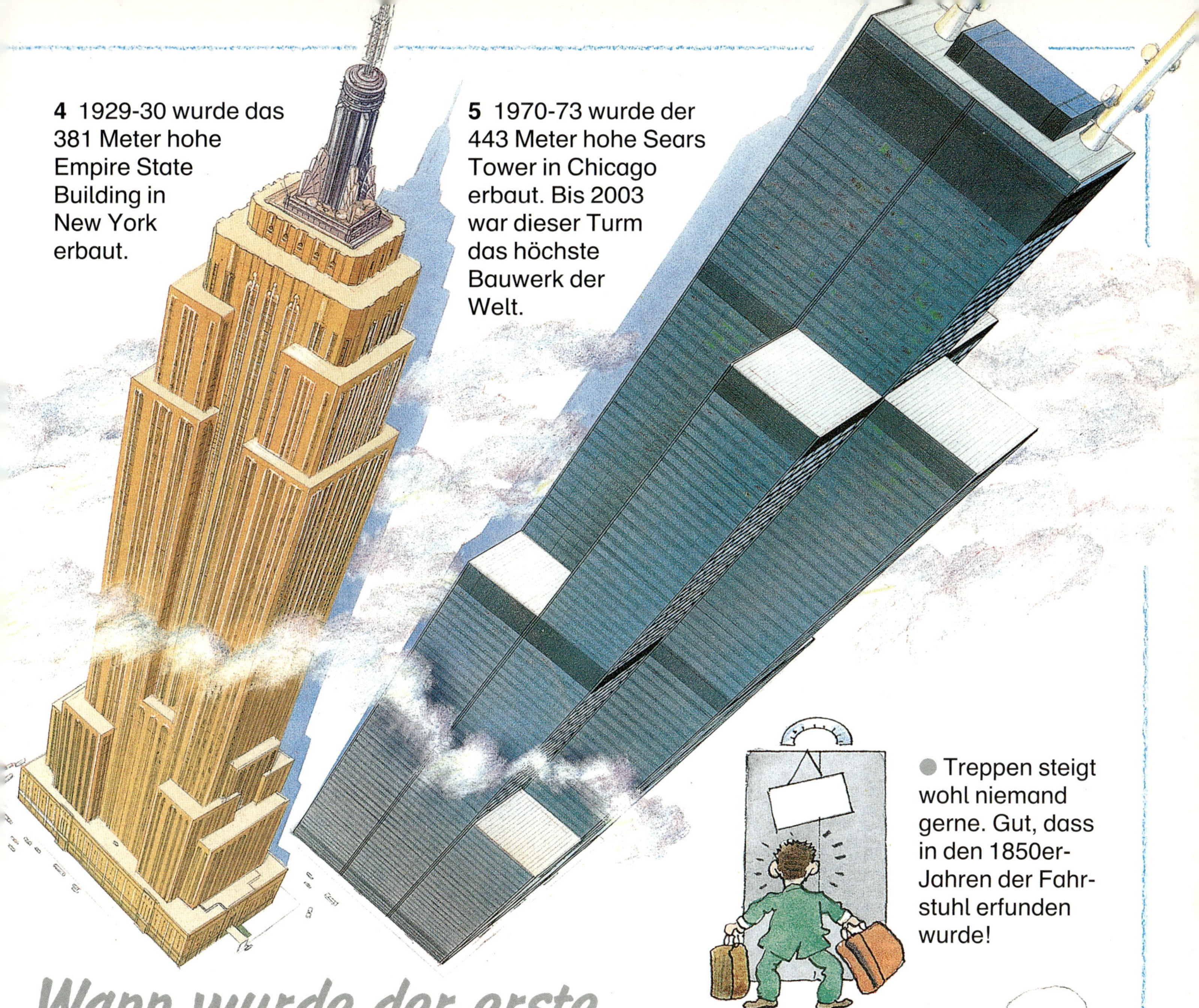

4 1929-30 wurde das 381 Meter hohe Empire State Building in New York erbaut.

5 1970-73 wurde der 443 Meter hohe Sears Tower in Chicago erbaut. Bis 2003 war dieser Turm das höchste Bauwerk der Welt.

● Treppen steigt wohl niemand gerne. Gut, dass in den 1850er-Jahren der Fahrstuhl erfunden wurde!

Wann wurde der erste Wolkenkratzer gebaut?

1885 staunten die Menschen in Chicago, als sie den Bau eines zehnstöckigen Gebäudes verfolgten – des ersten Wolkenkratzers der Welt. In den folgenden 15 Jahren lieferten sich Chicago und New York einen Wettkampf im Bau um das höchste Bauwerk.

Warum werden Gebäude abgerissen?

Wenn ein Gebäude zu alt ist oder so beschädigt, dass es eine Gefahr darstellt, reißt man es ab. Manchmal soll an gleicher Stelle ein größeres und besseres Gebäude entstehen. Um das alte dann schnellstmöglich zu beseitigen, wird es gesprengt.

● Die Sprengung selbst dauert nur wenige Sekunden, doch die Vorarbeiten für einen sicheren Ablauf dauern wesentlich länger! Experten müssen genau berechnen, wie viel Sprengstoff benötigt und an welchen Stellen er angebracht wird.

Wie wird ein Gebäude zertrümmert?

An einem Kran hängt eine riesige Metallkugel, eine sogenannte Abrissbirne, und schwingt gegen die Wände. Mit zehn Tonnen wiegt sie so viel wie 14 Autos. Da bleibt kein Stein auf dem anderen!

- Wenn alles klar zur Sprengung ist, ertönt eine Warnpfeife oder Signalhupe!

- Kanadische Karate-Profis haben einmal ein sieben Zimmer großes Farmhaus mit bloßen Händen und Füßen in nur drei Stunden zertrümmert.

Wer räumt den Bauschutt weg?

Zuerst schieben Bulldozer, schwere Raupenfahrzeuge, den Bauschutt zu großen Haufen zusammen. Dann schaufeln Bagger den Schutt auf Kipplaster, die zum Abladen auf eine Sondermüllhalde fahren. Bis aller Bauschutt beseitigt ist, müssen sie mehrmals hin- und herfahren.

Warum ist ein Tunnel rund?

Ein Tunnel ist rund, weil Bohrer runde Löcher bohren! Selbst ein Tunnel, der mit einem Spaten gegraben wurde, hat ein gewölbtes Dach. Ein Gewölbe ist nämlich stabiler als eine ebene Fläche. Große Tunnel werden mit Tunnelbohrmaschinen gebohrt – gigantische Tiefbohrer, die sich ihren Weg in den Boden bahnen.

● Der Fräskopf der Tunnelbohrmaschine für den Eurotunnel besaß über 100 Schneidrollen und 200 scharfe Schneidzähne.

● Der Eurotunnel zwischen Frankreich und England ist 50 Kilometer lang. Hätte man das ausgehobene Erdreich und Gestein zu einem Berg aufgehäuft, wäre der so hoch wie der Eiffelturm geworden.

Wie gräbt man durch harten Fels?

Selbst der stärkste Tunnelbohrer wird mit echtem Hartgestein nicht fertig. Dann müssen Tunnelbauer Sprengladungen einsetzen, um Stück für Stück zu durchbrechen.

- Tunnel sind nicht nur große unterirdische Verkehrswege für Auto und Eisenbahn. Es gibt auch kleinere Tunnel, durch die Stromkabel, Gas-, Wasser- oder Abwasserrohre führen.

Wie schnell gräbt ein Maulwurf?

Ein Maulwurf kann mit den Vorderpfoten fünfmal schneller graben als eine Tunnelbohrmaschine. Seine Tunnel sind aber viel kleiner. Nun rate mal, welchen Spitznamen eine Tunnelbohrmaschine hat? Maulwurf!

Wie werden Brücken gebaut?

Zunächst werden tiefe Fundamentlöcher ausgehoben, die man mit Metall und Beton auffüllt und in die sogenannte Brückenpfeiler gesetzt werden. Auf die Pfeiler hebt ein Kran die einzelnen Teile des Brückendachs. Zum Schluss werden der Straßenbelag oder die Schienenstränge aufgelegt.

● Frachtschlepper, die von Lastkähnen gezogen werden, bringen die Dachteilstücke an die Baustelle.

● 29 Maler haben mit dem Streichen der 521 Meter langen Forth Railway Bridge in Schottland ganze drei Jahre zugebracht. Als sie fertig waren, mussten sie wieder von vorne anfangen!

● Soldaten unterbrechen den Gleichschritt beim Überqueren einer Brücke. Sonst könnte sie unter der Wucht der Schwingung zusammenbrechen.

● Wenn Kriegerameisen Bodenspalten überqueren, bilden sie eine lebende Brücke, damit eine nach der anderen darüberkrabbeln kann.

Schwanken Brücken im Wind?

Brücken biegen sich und schwanken über zwei bis drei Meter nach allen Seiten – aber keine Sorge, das muss so sein! Hingen sie völlig steif und unbewegt in der Luft, würden sie im starken Wind zerspringen!

Welches Gebäude hat ein Schiebedach?

Das Sportstadion Skydome in Toronto, Kanada, besitzt ein Dach, das sich bei schönem Wetter automatisch öffnet. Auf drei gigantischen Stahlführungen fährt das Dach dann zurück. Fängt es an zu regnen, geht es wieder zu – was allerdings 20 Minuten lang dauert. Vielleicht nimmst du besser doch den Regenschirm mit!

● Meeresfrüchte sind in Japan so beliebt, dass es in der Hafenstadt Kobe ein Restaurant gibt, das aussieht wie ein Fisch.

An welchem Bau ist innen außen?

Am Centre Pompidou in Paris hängt alles, was sich normalerweise im Inneren eines Gebäudes befindet, an der Außenfassade: Fahrstühle, Treppen, Wasserrohre, Stromkabel, sogar die Toiletten. Als hingen deine Lungen, Muskeln und Adern aus deinem Körper!

In Disney World in Florida, USA, steht ein Gebäude, das aussieht wie ein riesiger Golfball. Die Wände bestehen aus Hunderten von metallenen Dreiecken.

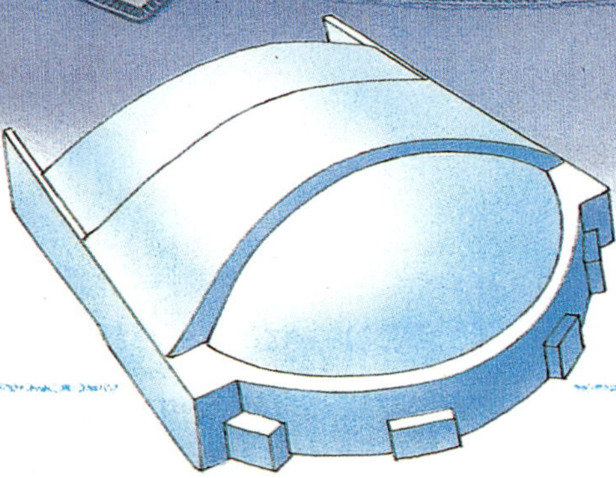

①

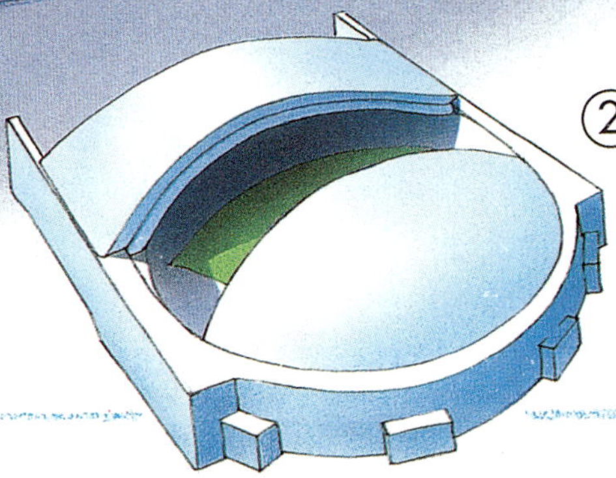

②

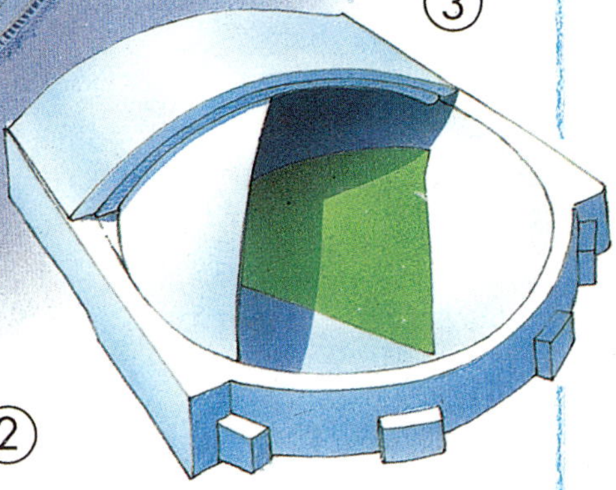

③

So öffnet sich das Schiebedach des Skydome.

Transport

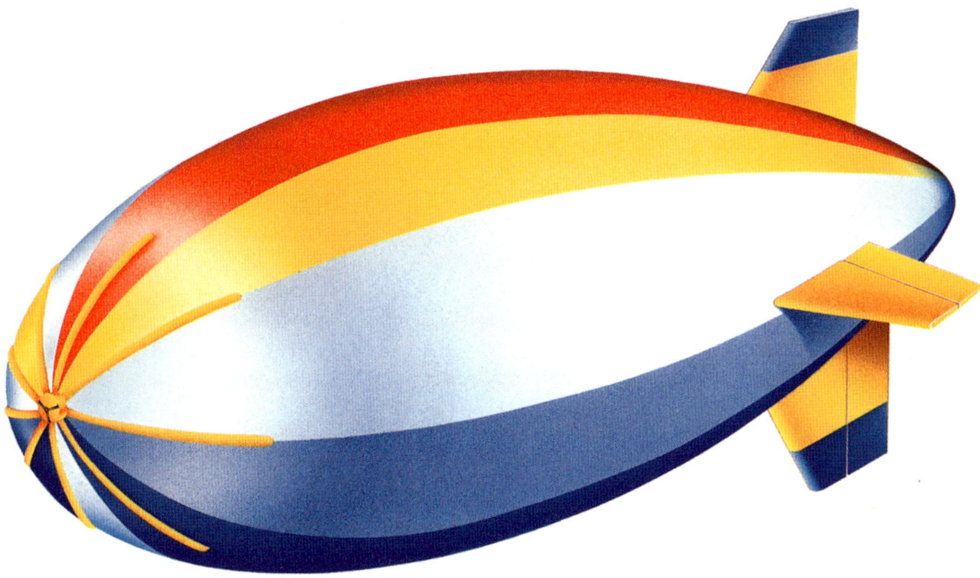

Welches ist das schnellste Auto?

Ein britisches Auto namens *Thrust 2* stellte 1983 einen Geschwindigkeitsweltrekord zu Lande auf. Es wurde von einem Flugzeugdüsenmotor angetrieben und erreichte fast 1 020 Kilometer pro Stunde.

● Das erste Auto, das schne
fuhr als 100 Kilometer pro Stunde, hieß *La Jamais Contente* und wurde von eine
Batterie angetrieben. Das war 1899 – vor über 100 Jahren.

● Schneller als jedes Segelboot sind Surfbretter. Bei günstigem Wind können sie mit über 80 Kilometern in der Stunde über das Wasser gleiten.

Spirit of Australia

Welches ist das schnellste Boot?

Es gibt Rennboote, die über die Wasseroberfläche sausen, fast ohne sie zu berühren. Im Jahre 1977 erreichte Ken Warby mit seinem düsengetriebenen *Spirit of Australia* 556 Kilometer pro Stunde.

Thrust 2

● Die Saturnraketen, die in den 60er- und 70er-Jahren Astronauten und ihre Apollo-Kapseln zum Mond brachten, rasten mit der mehr als vierzigfachen Geschwindigkeit eines Jumbojets durchs Weltall. Das Mondauto der Astronauten fuhr dagegen nicht schneller als 16 Kilometer pro Stunde.

SR-71 A

Welches Flugzeug ist am schnellsten?

Die schnellsten Flugzeuge sind Düsenmaschinen. Der Geschwindigkeitsweltrekord wurde im Jahre 1976 aufgestellt, als das amerikanische Kampfflugzeug *SR-71 A* 3 530 Kilometer pro Stunde erreichte!

● Ohne Motor kommt man am schnellsten auf Skiern voran.

Warum haben Autos Räder?

Autos, Eisenbahnen und andere Fahrzeuge fahren auf Rädern. Alles, was über den Boden gleitet, wird langsamer. Auf Rädern ist die Fortbewegung rascher und leichter, weil sie rollen und immer nur mit einem kleinen Teil den Boden berühren.

● Stell dir vor, du müsstest ein Auto schieben, das auf dem Boden aufliegt und nicht nur auf seinen Rädern steht!

● Das längste Auto der Welt hat 26 Räder. Hinten gibt es sogar einen kleinen Swimmingpool!

● Schnee und Eis sind viel glatter als Erde und Steine. Deshalb brauchen Skier und Schlittschuhe keine Räder!

Welches sind die größten Reifen?

Die größten Reifen brauchen die riesigen Kipplaster, die schwere Lasten wie Gestein und Erde transportieren. Diese Reifen sind über 3,60 Meter hoch – etwa dreimal so groß wie du!

● Die Schubkarre wurde vor mehr als 1800 Jahren in China für den Transport von schweren Lasten erfunden.

Welche Schiffe haben Räder?

Raddampfer fahren auf Flüssen und Seen. Sie werden von großen Schaufelrädern angetrieben. Wenn die Räder sich drehen, drücken ihre breiten Schaufeln das Wasser nach hinten und treiben das Schiff voran.

Warum brauchen Autos Benzin?

Ein Auto braucht Benzin, so wie du Nahrung brauchst, damit es Energie bekommt, um sich zu bewegen. Obwohl man es dem Benzin nicht ansieht, enthält es viel Energie. Diese Energie wird in einem Motor freigesetzt, damit sich die Räder drehen können.

Viele Spielzeugautos werden von Batterien angetrieben, in denen Elektrizität gespeichert ist. Es gibt auch große Autos, die mit Batterie laufen, sogenannte Elektroautos.

Benzin wird aus Erdöl hergestellt. Die Energie, die das Erdöl enthält, stammt von winzigen Pflanzen und Tieren, die vor Millionen von Jahren gelebt haben.

Das Benzin befindet sich im Tank. Durch die Benzinleitung wird es zum Motor gepumpt.

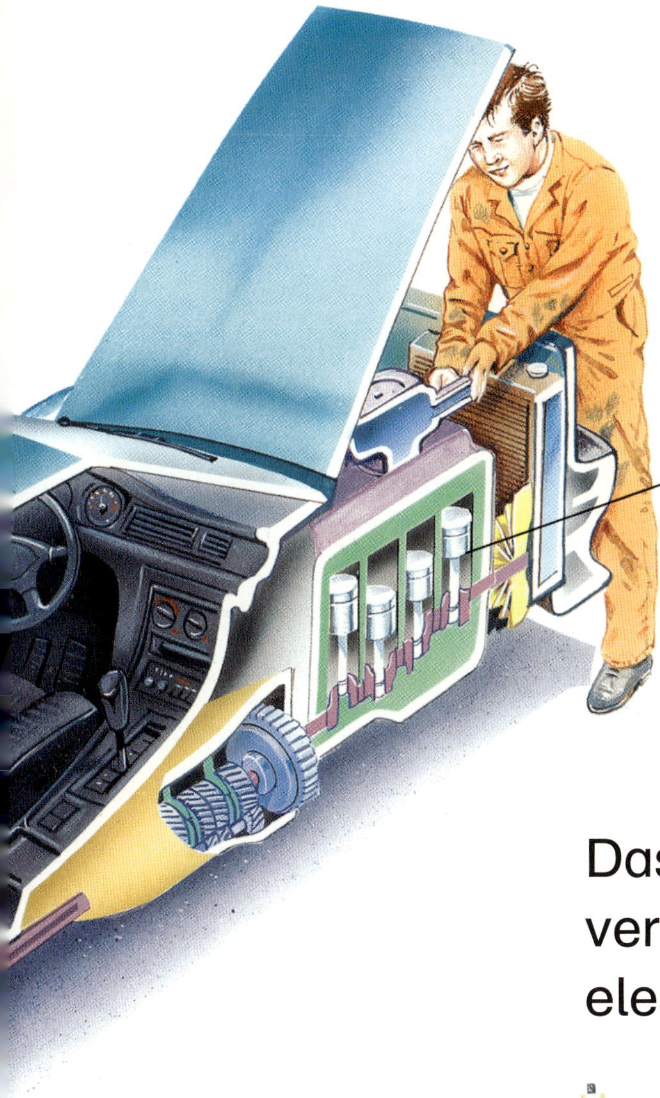

● Die größte Tankstelle der Welt steht in Dschidda, Saudi-Arabien. Sie hat über 200 Zapfsäulen.

Was geschieht in einem Automotor?

Das Benzin wird im Motor mit Luft vermischt und dann durch einen elektrischen Funken entzündet. Das Gemisch explodiert mit einem Knall. Diese Explosion bewegt Teile des Motors, die Kolben, sehr schnell auf und ab. Die Kolben drehen eine Stange, die Kurbelwelle. Die Kurbelwelle wiederum dreht die Achsen, die ihrerseits die Räder drehen.

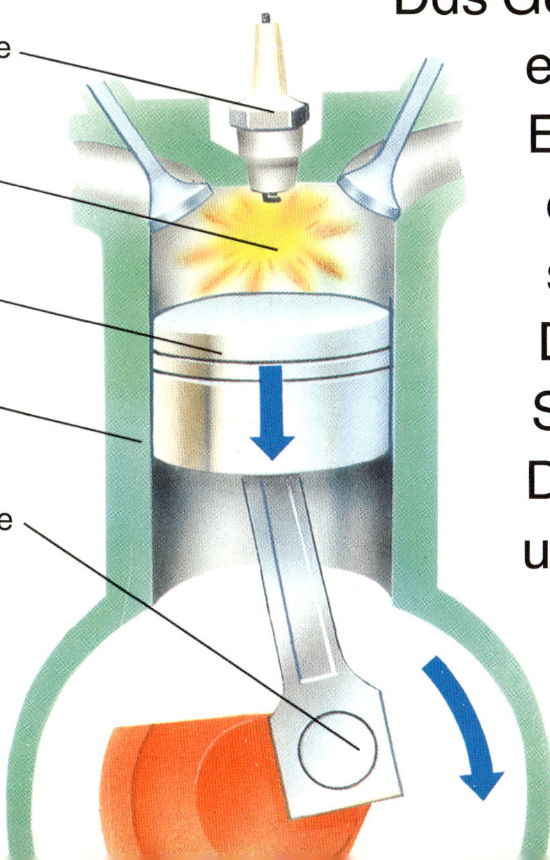

● Jeder Kolben bewegt sich in einem Zylinder auf und ab.

Wie viel Mann können auf einem Motorrad fahren?

Mehr als zwei Mann auf einem Motorrad – das ist schwierig und gefährlich, doch bei besonderen Veranstaltungen wird es manchmal gemacht. Die Motorradsportgruppe der Berliner Polizei hält den Weltrekord: 1998 fuhren 50 Personen auf einer einzigen Maschine!

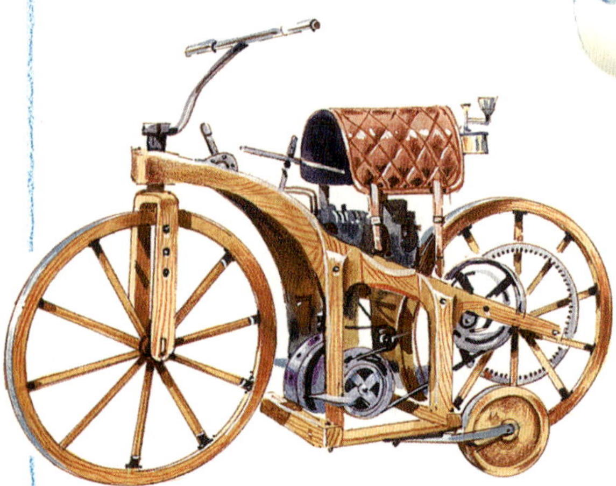

● Das erste Motorrad mit Benzinmotor wurde 1885 gebaut. Es bestand vorwiegend aus Holz! 1903 ging es in Flammen auf.

Gibt es Motorräder mit drei Rädern?

Ja, es gibt dreirädrige Motorräder. Die kleinen Räder mit breiten Reifen sind für Fahrten in unwegsamem Gelände gut geeignet.

Manche Fahrer bauen ihre Maschinen mit Teilen verschiedener Modelle um, damit sie auffallen und originell aussehen.

Auf solchen dreirädrigen Maschinen werden harte Rennen gefahren.

Können Motorräder fliegen?

Motorräder können nicht wirklich fliegen, da sie keine Flügel haben, doch besonders mutige Fahrer führen manchmal halsbrecherische Kunststücke vor. So rasen sie eine schräge Rampe hinauf, heben ab und „fliegen“ auf ihrer Maschine weit durch die Luft.

Gibt es ein Flug-Fahrrad?

Im Juni 1979 überquerte der Amerikaner Bryan Allen den Ärmelkanal in dem Fluggerät *Gossamer Albatross*, dessen Propeller von Pedalen angetrieben wurde. Allen brauchte für die Strecke von England nach Frankreich zwei Stunden und fünfzig Minuten. Neun Jahre später strampelte der Grieche Kanellos Kanellopoulos mit seinem *Daedalus 88* von der Insel Kreta zur Insel Santorin.

Gibt es ein Fahrrad fürs Gebirge?

Mountainbikes (sprich: maunten-beiks) sind Fahrräder, die vor allem für Fahrten im Gebirge gebaut sind. Ihre Rahmen sind besonders stabil. Die dicken Reifen mit ausgeprägtem Profil rutschen auch auf Sand und Schlamm nur wenig.

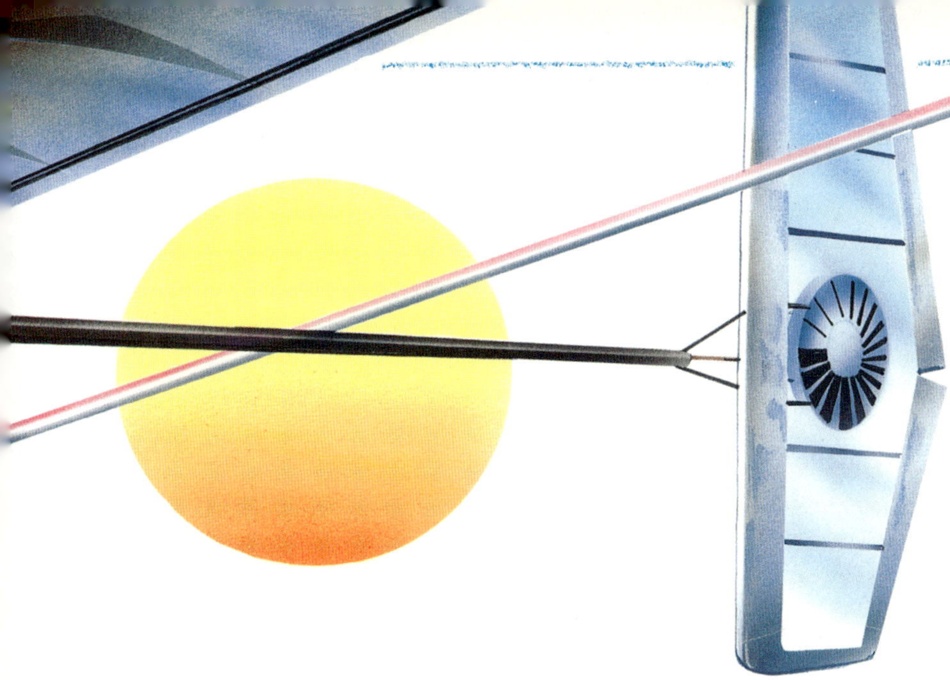

● Auf einem Einrad ist es ein Kunststück, nicht umzukippen!

Wie viele Menschen können auf einem Fahrrad sitzen?

● Die ersten Fahrräder, die vor mehr als 200 Jahren erfunden wurden, hatten noch keine Pedale! Der Fahrer stieß sich mit den Füßen ab.

Die meisten Fahrräder sind nur für eine Person gebaut, aber es gibt auch Räder, auf denen mehrere sitzen können. Das längste Rad der Welt wurde in Belgien konstruiert. Es bot Sattel und Pedale für 35 Radler, doch diese hatten große Mühe, das Gleichgewicht zu halten und gleichzeitig die Pedale zu treten.

Welches Flugzeug wackelte mit der Nase?

Das superschnelle Flugzeug Concorde konnte die Nasenspitze bewegen. Wenn die lange, schlanke Nase nach vorn gerichtet war, flog die Maschine mehr als doppelt so schnell wie ein Jumbojet. Bei der Landung wurde die Nase jedoch abgesenkt – sonst sah der Pilot die Rollbahn nicht!

● Die Concorde wurde während des Fluges so erhitzt, dass ihr Rumpf sich streckte und bis zu 28 Zentimeter länger wurde. Am 28. November 2003 war der letzte Flug einer Concorde.

● Das bisher größte Passagierflugzeug der Welt, die Boeing 747, trägt den Spitznamen Jumbojet – nach dem Elefanten Jumbo, der im 19. Jahrhundert eine der großen Attraktionen des Londoner Zoos war.

Können Flugzeuge die Flügel verstellen?

Ja, es gibt Kampfflugzeuge, die ihre Flügel verstellen können. Flügel, die seitlich abstehen, haben die günstigste Form für den Start und die Landung sowie für den Langsamflug. Wenn die Flügel nach hinten geschwenkt sind, hat das Flugzeug eine glattere Form und kann mit Höchstgeschwindigkeit fliegen.

● Vögel haben die besten Schwenkflügel. Ein Wanderfalke breitet seine Flügel aus, damit er in der Luft über seiner Beute „stehen“ kann und legt sie dann eng an den Körper, wenn er im Sturzflug hinabschießt. Dabei erreicht er eine Geschwindigkeit von bis zu 300 Kilometern pro Stunde.

● Das Kampfflugzeug Harrier kann senkrecht starten und landen – ohne Rollbahn!

Warum kippen Züge nicht von den Schienen?

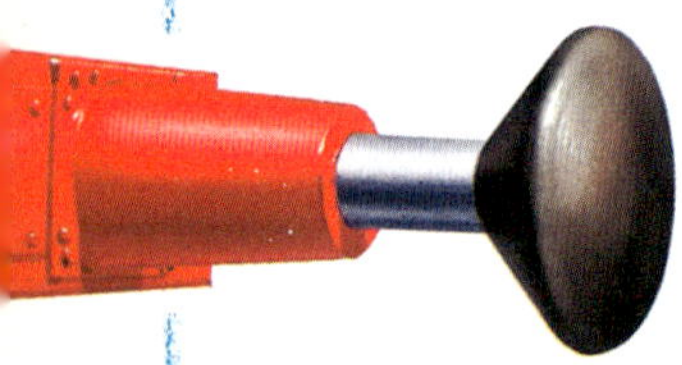

Eisenbahnen haben Räder aus Metall, die auf schmalen, sehr glatten Metallschienen rollen. Damit die Räder nicht von den Schienen rutschen, haben sie an der Innenseite einen vorspringenden Rand, Spurkranz genannt.

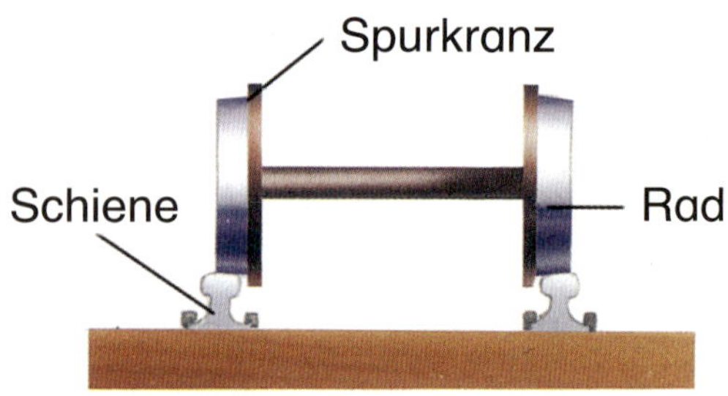

● An guten Tagen legten die Planwagen 20 bis 25 Kilometer zurück.

● Früher waren amerikanische Lokomotiven mit einem Kuhfänger ausgerüstet. Mit ihm wurden Hindernisse beiseitegeräumt, wie zum Beispiel Rinder, die sich auf den Gleisen verirrt hatten.

● Es gibt Bahnen, die steile Berge hochfahren können. Unter der Lok haben sie ein Rad mit Zähnen. Diese greifen in die Lücken einer zwischen den Schienen verlegten Stange.

Was waren Planwagen?

Als sich im 19. Jahrhundert Siedler quer durch Nordamerika auf den Weg nach Westen machten, luden sie ihre ganze Habe auf große, robuste Holzwagen, die mit Planen abgedeckt und von Ochsen oder Maultieren gezogen wurden. Siedlerfamilien zogen in Gruppen. Ihre Planwagen bildeten lange Wagenzüge.

Fahren Sattelzüge auf Schienen?

Nein, Sattelzüge fahren auf Straßen. Sie heißen Züge, weil sie aus einem Sattelschlepper bestehen, der mehrere Anhänger zieht – so wie Lokomotiven Waggons ziehen.

● Nicht alle Züge brauchen einen Zugführer. Manche Stadtbahnen werden von Computern gesteuert.

● Australische Sattelschlepper und andere Fahrzeuge sind vorne mit einem starken Gatter ausgerüstet. Es soll verhindern, dass das Fahrzeug beschädigt wird, wenn es in der Weite des Landes mit großen Tieren wie Kängurus oder Rindern zusammenstößt.

Straßenbahnen sind Wagen mit Metallrädern, die auf Schienen laufen. Zum Fahren brauchen sie Strom, den sie aus Leitungen bekommen, die hoch über den Gleisen verlegt sind.

Sattelzüge fahren meist in Gegenden, wo es keine Eisenbahnlinien gibt – wie in weiten Teilen des australischen Hinterlandes.

Können Züge schweben?

Es gibt Züge, die keine Gleise mehr berühren. Sie werden durch starke Magnete angehoben und schweben dicht über einer Spezialschiene. Sie sausen sehr schnell durch die Landschaft – mit über 400 Kilometern pro Stunde.

Warum sinken Schiffe nicht?

Wenn du in die Badewanne steigst, verdrängst du Wasser. Deshalb darfst du nicht zu viel Wasser einfüllen!

Dinge, die man ins Wasser taucht, schieben so viel Wasser beiseite, wie sie Platz für sich brauchen. Dabei entsteht der sogenannte Auftrieb. Schiffe sind zwar schwer, aber hohl, und sie haben hohe Seitenwände. Darum können sie tief eintauchen und viel Wasser verdrängen. Ein Schiff kann also nur sinken, wenn es überladen ist und damit schwerer als die verdrängte Wassermenge.

Wie tauchen Unterseeboote?

Damit ein Unterseeboot abtauchen kann, muss es schwerer sein als das verdrängte Wasser. Man erhöht das Gewicht, indem man Wasser in besondere Tanks pumpt. Wenn das U-Boot wieder auftauchen will, müssen die Tanks geleert werden.

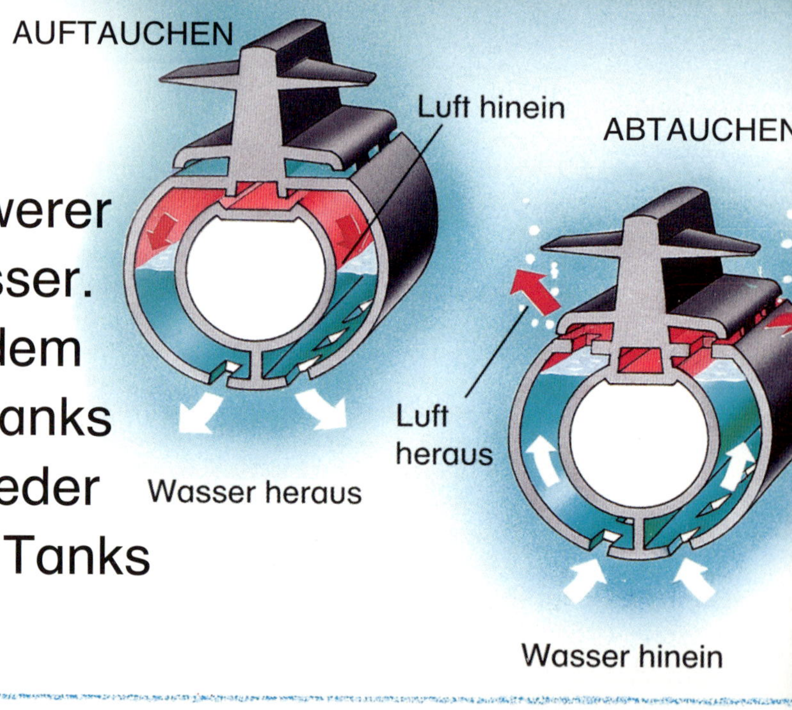

Welche Schiffe fliegen?

Luftkissenboote schweben über das Wasser, ohne einzutauchen wie Schiffe. Ein „Kissen“ aus Luft befindet sich zwischen der Wasseroberfläche und dem Boot.

Ein Luftkissenboot kann ebenso gut über Wasser wie über Land fahren.

Der Taucheranzug wurde or über 200 Jahren erfunden. om Schiff aus wurde durch inen Schlauch Luft in Helm nd Anzug gepumpt, um den Vasserdruck auszugleichen.

Eines der ersten U-Boote, gebaut von dem Holländer Cornelius van Drebbel, wurde um 1620 in England erprobt. Zwölf Männer ruderten das Boot unter der Oberfläche der Themse.

Welches sind die größten Schiffe?

Die größten Schiffe der Welt sind Öltanker. Manche sind über 500 Meter lang und wiegen mehr als 1000 Jumbojets. Die riesigen Tanker brauchen manchmal zwanzig Minuten, um zum Stillstand zu kommen.

● Schwimmwesten gibt es erst seit 200 Jahren. Ein französischer Mönch erfand sie. Er unterlegte ein Wams mit Kork, einem Material, das sehr gut schwimmt.

● Manche Tanker sind so groß, dass die Seeleute ihre Wege auf dem Fahrrad zurücklegen!

Was waren Langschiffe?

Wikingerschiffe heißen auch Langschiffe, obwohl sie gar nicht besonders groß waren – keine 30 Meter lang. Die Wikinger lebten vor etwa tausend Jahren in Skandinavien. Sie bauten seetüchtige Schiffe aus Holzplanken und waren geschickte Seeleute.

● Wikingerschiffe wurden gerudert oder gesegelt. Man setzte ein großes viereckiges Segel.

Welches ist das kleinste Boot der Welt?

In Irland gibt es Fischerbötchen, die zu den kleinsten der Welt gehören – in ihnen hat nur eine Person Platz!

Kriegsschiffe hatten früher vorne und hinten Aufbauten, die wie Burgtürme aussahen. Von ihnen aus konnte das Schiff leichter verteidigt werden.

Hängematten gibt es seit etwa 500 Jahren. Europäische Seeleute hatten solche aufgehängten Betten auf den Westindischen Inseln gesehen.

Zeit und Jahreszeiten

Warum geht morgens die Sonne auf?

● Bei uns geht die Sonne jeden Morgen im Osten auf. Mit den ersten Sonnenstrahlen sind viele Tiere bereits munter.

Eigentlich ist es nicht die Sonne, die sich bewegt, sondern die Erde, die sich um die eigene Achse dreht. Deshalb erleben wir jeden Morgen einen „Sonnenaufgang“. Wenn sich ein Gebiet der Erde der Sonne zuwendet, wird es dort hell und ein neuer Tag beginnt.

● Die alten Griechen glaubten, dass die Sonne ein Gott namens Helios sei, der in einem flammenden Streitwagen über den Himmel zöge.

● Auch wenn das Wetter bei uns schlecht ist, scheint über den Wolken immer die Sonne.

Wieso wird es abends dunkel?

Die Erde dreht sich unablässig um sich selbst. So sieht es für uns aus, als würde die Sonne im Tagesverlauf über den Himmel wandern und sich von uns entfernen. Abends scheint sie im Westen zu versinken. Dann wird es dunkel.

● Die Erde dreht sich in 24 Stunden einmal um die eigene Achse. Während auf der einen Erdhälfte Tag ist, herrscht auf der anderen Nacht.

● Liegt eine Erdhälfte im Schatten, ist es dort Nacht und kühler als auf der Sonnenseite. Daher braucht man nachts oft eine warme Decke.

Wo ist es auch tagsüber dunkel?

Während der Wintermonate geht die Sonne in den Regionen um den Nord- und Südpol überhaupt nicht auf. Auch um die Mittagszeit steht die Sonne dort noch unterhalb des Horizonts. Diese Monate sind sehr kalt und dunkel.

● Nach der langen, düsteren Winterzeit freuen wir uns über die ersten Sonnenstrahlen. Die Inuit in Nordamerika feiern die Rückkehr der Sonne, indem sie neue Lichter in ihren Häusern anzünden.

● In den Sommermonaten ändert sich an den Polen alles! Die Sonne steht nun Tag und Nacht am Himmel und die Seehunde müssen bei Tageslicht schlafen.

● Im Norden Skandinaviens sind die Wintermonate sehr dunkel. Die Kinder der Samen machen sich bei Mondschein auf den Weg in die Schule.

● Manchen Menschen schlägt der dunkle Winter aufs Gemüt und sie werden krank. Die Ärzte nennen das SAD-Syndrom. Oft kann sehr helles Licht den Patienten helfen.

Wo wird es immer zur gleichen Zeit hell?

In den Tropen, nahe des Äquators, geht die Sonne jeden Morgen fast zur gleichen Zeit auf. Sie geht auch jeden Abend etwa zur gleichen Zeit unter! Alle Tage und Nächte des Jahres sind dort fast genau 12 Stunden lang.

Wieso gibt es bei uns Jahreszeiten?

Wir kennen Frühling, Sommer, Herbst und Winter, weil die Erde auf eine ganz bestimmte Weise um die Sonne kreist. Eine Umrundung der Sonne dauert genau ein Jahr. Dabei neigt sich erst der eine, dann der andere Pol der Sonne zu.

1 Im Dezember ist der Nordpol am weitesten von der Sonne entfernt. Im Norden herrscht Winter, im Süden Sommer.

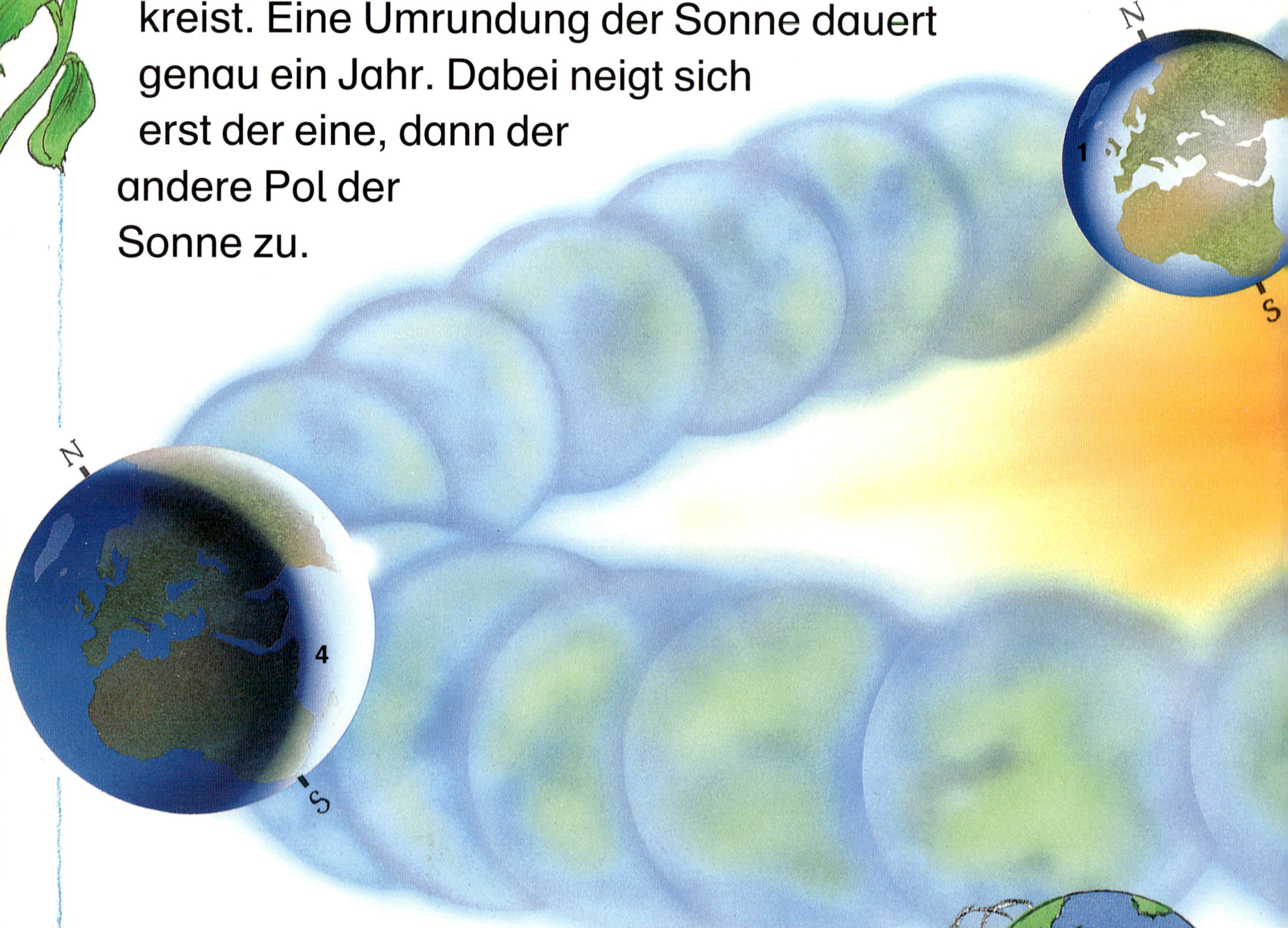

4 Im September ist die Entfernung von Nord- und Südpol zur Sonne wieder gleich. Im Norden ist Herbst, im Süden Frühling.

● Die Erde dreht sich um sich selbst, während sie die Sonne umkreist. Ihre Achse ist dabei leicht geneigt.

● Es herrschen unterschiedliche Jahreszeiten auf den beiden Erdhalbkugeln. Je nachdem, wo du gerade bist, kannst du im Dezember entweder Frostbeulen oder Sonnenbrand bekommen!

2 Im März haben beide Pole den gleichen Abstand zur Sonne. Im Norden ist jetzt Frühling, im Süden ist Herbst.

● Am Äquator ist es immer heiß, weil die Sonnenstrahlen dort senkrecht auf die Erde treffen. An den Polen fallen die Sonnenstrahlen schräg ein und sind dadurch schwächer.

3 Im Juni neigt sich der Nordpol zur Sonne. Auf der Nordhalbkugel ist nun Sommer, auf der Südhalbkugel Winter.

Warum ist der Frühling die beste Pflanzzeit?

Samen und Knollen brauchen es warm und feucht, um zu wachsen. Daher bearbeiten Bauern und Gärtner den Boden vor allem im Frühjahr. In dieser Jahreszeit entwickeln sich die Pflanzen am besten.

● Bienen erkennen Muster und Farben auf Blütenblättern, die uns verborgen bleiben. Diese weisen ihnen wie Signallampen auf einer Fluglandebahn den Weg.

Weshalb sind die Bienen im Sommer so fleißig?

An warmen, sonnigen Tagen fliegen Bienen zu Hunderten von Blüten. Im Inneren der Blüten finden sie süßen Nektar. Bienen ernähren sich von diesem Nektar und machen im Bienenstock Honig daraus.

Wieso werden im Herbst die Blätter bunt?

Im Herbst bekommen viele Bäume über ihre Wurzeln nicht mehr genügend Wasser aus dem teilweise gefrorenen Untergrund. Ihre Blätter vertrocknen und färben sich rot, gelb und braun. Die Farben entstehen durch Blattfarbstoffe.

● Nicht alle Bäume verlieren ihr Laub. Die Blätter der Nadelbäume sind sehr widerstandsfähig. Sie überstehen selbst kalte Winter.

Warum halten manche Tiere Winterschlaf?

Manche Tiere, wie Eichhörnchen und Igel, fressen sich im Herbst Winterspeck an. Dann ziehen sie sich an einen sicheren Ort zurück und schlafen bis zum Frühling. So verbrauchen sie nur wenig Energie und können den kargen Winter überleben.

● Vielen Tieren wächst ein dichtes Winterfell, das sie gegen die bittere Kälte schützt.

Wo gibt es nur zwei Jahreszeiten?

Viele tropische Länder kennen nur die Trockenzeit und die Regenzeit. Unter diesen Bedingungen können nur wenige Baumarten wachsen und die Tiere wandern auf der Suche nach Wasser und Nahrung oft Hunderte von Kilometern weit.

● Viele Tiere gehen zu bestimmten Jahreszeiten auf Wanderschaft. Jedes Jahr im September verlassen ganze Schwärme des Monarchfalters Kanada und ziehen nach Süden in wärmere Gebiete.

● In der Trockenzeit ist der Erdboden von der gleißenden Sonne ausgedörrt. Feiner Staub wirbelt hoch und bedeckt Menschen und Tiere.

Während der Trockenzeit ziehen Zebra- und Gnuherden über die Steppen Zentralafrikas. Auf ihrer Suche nach Wasser und frischem Gras folgen sie den Regenwolken.

Die tropischen Länder liegen in der Nähe des Äquators. Hier herrschen die höchsten Temperaturen der Erde.

Wo regnet es einen ganzen Monat lang?

In Teilen Indiens und Südostasiens gehen jedes Jahr lang anhaltende, schwere Regenschauer nieder – der Monsunregen. Der Wind bläst in den Sommermonaten große Regenwolken vom Meer ins Landesinnere. Der Monsunregen kann viele Wochen andauern und Felder und Straßen überfluten.

Welcher Kalender ist in Stein gemeißelt?

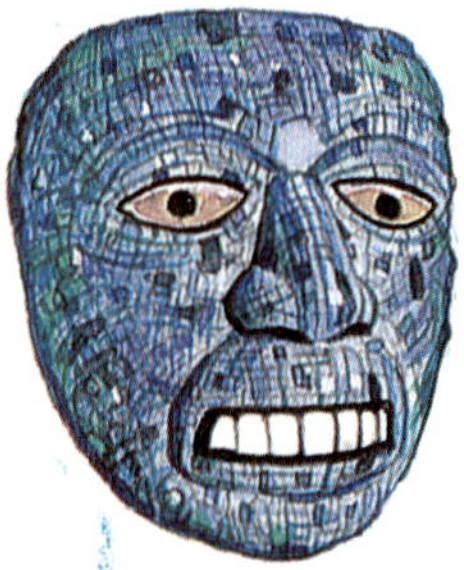

Vor vielen Jahrhunderten lebte in Mittelamerika das Volk der Azteken. Sie meißelten eine Art Kalender in einen großen, flachen Stein, der die Sonne verkörperte. In der Mitte befand sich das Gesicht ihres Sonnengottes. Am äußeren Rand des Steins wurden die einzelnen Tage dargestellt.

Wer erfand unseren Kalender?

Die Ägypter waren die Ersten, die das Jahr in 365 Tage einteilten. Ihr Kalender wurde später von Julius Cäsar, einem römischen Kaiser, verbessert, der alle vier Jahre ein Schaltjahr einfügte. Diese Jahreseinteilung verwenden wir heute noch.

Der Steinkalender der Azteken war im Durchmesser vier Meter breit – viel zu groß, um ihn an die Wand zu hängen!

Was ist ein Schaltjahr?

Alle vier Jahre haben wir ein Schaltjahr. Das ist ein Jahr mit 366 statt 365 Tagen. Der zusätzliche Tag wird Ende Februar eingeschoben. Wenn du also am 29. Februar geboren bist, hast du eigentlich nur alle vier Jahre wirklich Geburtstag!

Ein Schaltjahr lässt sich durch die Zahl 4 teilen, ohne dass ein Rest bleibt. 1996, 2000 und 2004 waren zum Beispiel Schaltjahre.

Wofür braucht man Kalender?

Die meisten Menschen erinnern sich nur mithilfe eines Kalenders an die vielen Termine, die sie während eines Jahres haben. Menschen, die nach einem Schiffbruch auf einer einsamen Insel gestrandet sind, denken sich Methoden aus, um die Tage zu zählen.

Wer feiert an Neujahr ein Lichterfest?

Statt Neujahr feiern Hindus im Herbst das Lichterfest Divali. An diesem Abend erstrahlen die Häuser und Städte im Licht Tausender Lampen. Die Frauen stellen mit bunter Kreide oder gefärbtem Sand wunderschöne Bodenmalereien her und verzieren sie mit brennenden Kerzen.

● Chinesische Neujahrsfeierlichkeiten können 15 Tage lang dauern. Sie beginnen zwischen Mitte Januar und Mitte Februar.

Wo beginnt das neue Jahr mit viel Lärm?

In China kann man das neue Jahr nicht überhören. Es beginnt mit Trommelwirbeln, Feuerwerk und tanzenden Drachen- und Löwenfiguren auf den Straßen. Der Lärm soll vergangene schlechte Tage vertreiben und Glück für die Zukunft bringen.

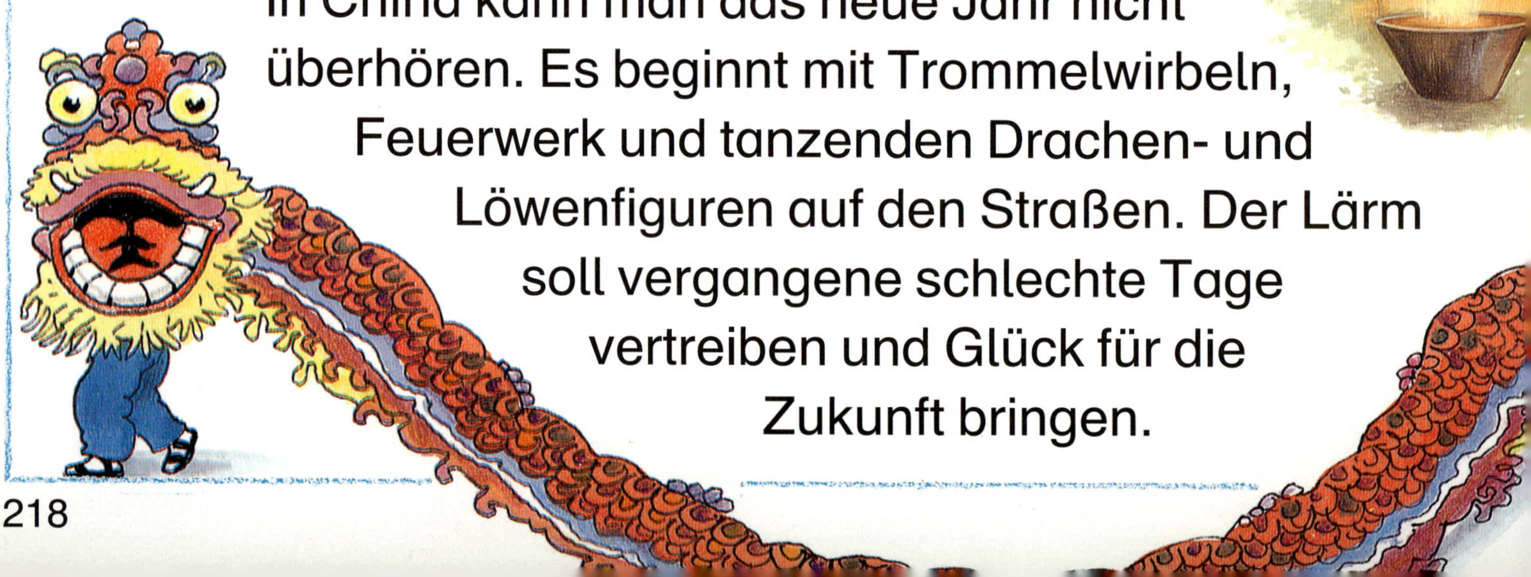

Die Hindus nennen ihr Neujahrsfest Divali. Es wird im Oktober oder November gefeiert.

In Ecuador in Südamerika verbrennen die Menschen in einem Freudenfeuer eine Strohpuppe als Symbol für das alte Jahr.

Wer bläst zum Jahresbeginn ins Horn?

Zum jüdischen Neujahrsfest Rosh Hashanah wird auf einem Widderhorn geblasen. Der Ton ruft die Menschen in die Synagoge, wo sie um Gottes Vergebung für die Sünden des vergangenen Jahres beten. Mit dem neuen Jahr machen gottesfürchtige Juden einen neuen Anfang.

Rosh Hashanah wird im Oktober oder November gefeiert. In der Hoffnung auf ein „süßes neues Jahr“ essen die Menschen in Honig getauchte Äpfel und Brotstücke.

Wie viele Tage hat ein Monat?

Nach unserem Kalender haben die Monate entweder 28, 30 oder 31 Tage. Früher war ein Monat die Zeitspanne von einem Vollmond bis zum nächsten. Dadurch waren alle Monate gleich lang. Sie dauerten genau 29,5 Tage.

Der Mond ist dunkel und leblos. Er leuchtet nur deshalb in der Nacht, weil er von der Sonne angestrahlt wird. Das Mondlicht ist eigentlich nur reflektiertes Sonnenlicht.

Ein Musikstück des Komponisten Beethoven heißt „Mondscheinsonate“. Beim Zuhören kann man sich gut vorstellen, wie der Mond aufgeht.

Wieso verändert der Mond seine Form?

Nicht die Form des Mondes wechselt, sondern Licht und Schatten auf seiner Oberfläche. Auf seinem Weg um die Erde fällt Sonnenlicht aus verschiedenen Richtungen auf den Mond. Der erleuchtete Teil nimmt über viele Tage hinweg zu und wieder ab, vom hellen Vollmond bis zum dunklen Neumond.

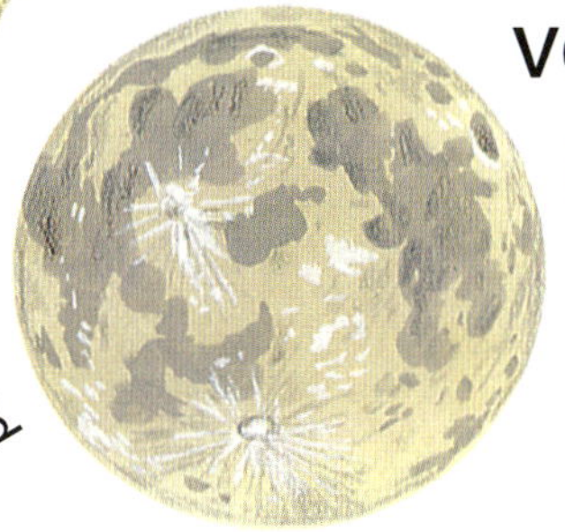

Vollmond

Der erste Mensch, der den Mond betrat, war im Juli 1969 der amerikanische Astronaut Neil Armstrong von der Apollo-11-Mission.

Wer knabbert am Mond?

Chinesische Kinder lieben die köstlichen mondförmigen Kuchen beim Mondfest zu Beginn des Herbstes. Die Familien gehen bei Vollmond mit ihren Laternen nach draußen. Dort essen sie Kuchen und bewundern den Mond.

Was ist kürzer als eine Sekunde?

Unsere elektronischen Zeitmesser sind so präzise, dass sie sogar den millionsten Teil einer Sekunde angeben. Bei Sportwettkämpfen werden die Ergebnisse der Athleten auf Hundertstelsekunden genau gemessen. Selbst ein Augenzwinkern dauert länger.

Was misst man in Knoten?

Früher wurde die Geschwindigkeit von Schiffen mit einem Holzscheit errechnet, das man an verknotete Seile band. Das Holz wurde über Bord geworfen. Mit Blick auf eine Sanduhr zählte man nun die Knoten, die sich abspulten, während das Schiff fuhr. Noch heute wird auf See in Knoten gerechnet. Ein Knoten entspricht etwa 2 Stundenkilometern.

● Musiker orientieren sich an Taktmessern, die hin- und herschwingen und klickende Geräusche von sich geben – sogenannte Metronome. Orchester richten sich nach den Handbewegungen des Dirigenten.

Wie hilft Sand beim Eierkochen?

Bis der Sand in einer Eieruhr von oben nach unten gerieselt ist, dauert es vier Minuten. Das ist genau die Zeitspanne, um ein weiches Ei zu kochen. Sanduhren sind einfach und präzise. Es gibt sie schon seit Hunderten von Jahren. Ist der Sand durchgelaufen, dreht man die Sanduhr einfach um!

● Damit sie wissen, wie schnell sie sind, haben Rennradfahrer Geschwindigkeitsmesser an ihrem Fahrrad.

Wie viel Uhr ist es auf der Erde?

Wie viel Uhr es gerade ist, hängt davon ab, wo du bist! Uhren in unterschiedlichen Regionen zeigen verschiedene Zeiten an. Jedes Land der Erde liegt in einer bestimmten Zeitzone. Deshalb stehen die einen um 7 Uhr morgens gerade auf, während es auf der anderen Seite der Erde 19 Uhr ist und die Menschen zu Abend essen.

Alaska, USA
Es ist 7 Uhr. Ein neuer Tag beginnt.

New York, USA
Es ist Mittag – höchste Zeit für das Mittagessen!

● Eine Reise durch die Zeitzonen kann dein eigenes Zeitempfinden durcheinanderbringen. Du kannst in London frühstücken, nach Amerika fliegen und kommst dort gerade rechtzeitig zum Frühstück!

Sibirien
Es ist Mitternacht.
Zeit zu schlafen.

● Um den Überblick zu bewahren, hat man die Erde in 24 Zeitzonen eingeteilt – so ähnlich wie bei einem Wasserball mit Streifen. Jede Zeitzone entspricht einer Stunde des Tages. Große Länder erstrecken sich über mehrere Zeitzonen.

Wie viel Uhr ist es im Weltraum?

Im Weltraum ist es schwierig, die Zeit zu messen. Ohne Schwerkraft funktionieren viele Uhren nicht. Auch Mond, Erde oder Sonne bieten keine Orientierung! Die Astronauten richten sich daher nach der Erdzeit, die sie über Funk erfahren.

Nigeria
Es ist 6 Uhr nachmittags.
Die Kinder haben Zeit zum Spielen.

Wie alt wird ein Mensch?

● Frauen werden im Durchschnitt älter als Männer. Auch der bis heute älteste Mensch war eine Frau. Sie wurde 122 Jahre alt!

Die meisten Menschen erleben heutzutage ihren 70. Geburtstag. Damit dauert ein Menschenleben etwa so lange wie das von Elefanten, Raben und einigen Papageienarten!

● Der ägyptische Pharao Tutanchamun starb mit 19 Jahren. Das Grabmal mit seiner Mumie ist seit über 3 000 Jahren erhalten.

Wie lange lebt die Eintagsfliege?

Als entwickeltes Insekt lebt die Eintagsfliege tatsächlich nur einen einzigen Tag. Morgens entfaltet sie ihre Flügel, tagsüber paart sie sich und legt ihre Eier ab. Nach etwa 30 Stunden stirbt sie.

● Katzen leben etwa 15 Jahre. Mäuse dagegen werden nur zwei Jahre alt – wenn sie nicht vorher von einer Katze gefressen werden!

Wie alt wird ein Baum?

Bäume wachsen nur langsam und können sehr alt werden. Die meisten Bäume erreichen ein Alter von 100 bis 250 Jahren. Einige Borstenkiefern in Kalifornien leben jedoch seit mehr als 4 500 Jahren! Sie sind die ältesten Lebewesen auf der Erde.

● Baumstämme bilden jedes Jahr direkt unter der Rinde eine Schicht aus jungem Holz, einen sogenannten Jahresring. Zählt man die Ringe eines Baumstumpfs, kann man herausfinden, wie alt der Baum war, als er gefällt wurde.

Wissenschaften

Worum geht es in der Naturwissenschaft?

In der Naturwissenschaft geht es darum, Erkenntnisse über die Vorgänge in Natur und Umwelt zu gewinnen. Es geht um ganz alltägliche Fragen: Wo geht das Wasser hin, wenn es kocht? Aber es geht auch um kompliziertere Dinge: Warum brauchen wir Wasser zum Leben?

3 Stelle etwas Wasser für ein bis zwei Stunden ins Eisfach. Was fällt dir auf, wenn du es wieder herausnimmst? Das Wasser ist nicht mehr flüssig – es ist zu einem festen Stoff geworden. Und Feststoffe lassen sich nicht gießen.

2 Fülle Wasser in eine Kanne und gieße es dann in eine Tasse. Die Tasse füllt sich. Warum? Weil flüssige Stoffe fließen. Die Fließgeschwindigkeit ist unterschiedlich: Gieße etwas Honig auf eine Untertasse. Fließt er genauso schnell wie das Wasser?

1 Die Küche ist ein wunderbarer Ort für Wissenschaftler. Stelle doch einmal den Wasserhahn an und sieh dem laufenden Wasser zu. Fließende Stoffe wie Wasser nennt man Flüssigkeiten.

Was macht ein Naturwissenschaftler?

Er stellt vor allen Dingen Fragen. Dann versucht er, auf die Fragen eine Antwort zu finden, indem er die Dinge genau beobachtet und Versuche anstellt. Das heißt, er experimentiert. Manchmal findet er dann eine Antwort – aber nicht immer!

Flüssige Stoffe können ihre 'orm verändern. Feststoffe önnen das nicht. Gieße etwas Vasser in eine Puddingform, und u siehst, dass es jeden Winkel usfüllt. Was passiert, wenn du asselbe mit Eiswürfeln tust?

5 Bitte einen Erwachsenen, bei diesem Versuch dabei zu sein: Schütte eine Tasse Wasser in einen Kochtopf und lasse es fünf Minuten kochen. Siehst du, dass eine ganze Menge Dampf entsteht? Lasse das Wasser wieder abkühlen und schütte es zurück in die Tasse. Das Wasser ist weniger geworden – wo ist der Rest geblieben?

6 Wenn Wasser kocht, verändert es seinen Zustand von flüssig zu gasförmig. Den gasförmigen Stoff nennt man Wasserdampf. Da wir aber das Gas nicht sehen können, scheint es, als ob das Wasser verschwunden wäre.

Wer kann übers Wasser gehen?

Winzige Insekten namens Wasserläufer sind so leicht, dass sie übers Wasser laufen können, ohne unterzugehen. Aber selbst ein Wasserläufer käme nicht weit, wenn es da nicht eine Kraft gäbe, die Oberflächenspannung heißt. Diese zieht sich über die Wasseroberfläche wie eine dünne, elastische Haut.

● Regentropfen sind nicht ganz rund – sie sind an der Unterseite fast flach.

Warum sind Wassertropfen rund?

Kleine Wassertropfen sind fast kugelrund, weil sie von der Oberflächenspannung in diese Form gezogen werden. Größere Tropfen verziehen sich – sie sind zu schwer, als dass die Oberflächenspannung sie rund halten könnte.

● Die Costa-Rica-Eidechse, auch Helmbasilisk genannt, kann so schnell rennen, dass sie Flüsse und Seen überquert, ohne unterzugehen – äußerst praktisch, wenn Gefahr droht!

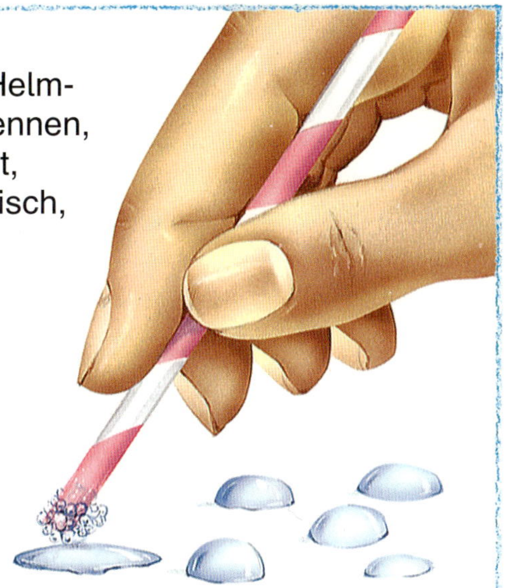

● Nimm einen seifigen Strohhalm und berühre damit ganz vorsichtig einen Wassertropfen. Siehst du, wie er flacher wird? Das geschieht, weil Seife die Oberflächenspannung des Wassers schwächt – diese kann den Tropfen nun nicht mehr kugelrund halten.

Wie entstehen Seifenblasen?

Gibt man Seife in Wasser, schwächt das die Oberflächenspannung und die Wasseroberfläche wird elastischer. Sie wird so dehnbar, dass du Luft hineinblasen kannst – ein bisschen so, wie wenn du Wasser in einen Ballon füllst.

Warum geht man mit Schwimmflügeln nicht unter?

Wenn du deine Schwimmflügel aufpustest, werden sie mit einer Menge Luft gefüllt. Da Luft viel leichter ist als Wasser, hält sie dich an der Oberfläche. Aber auch das Wasser hilft mit, denn auf jeden eingetauchten Körper wirkt die Auftriebskraft. Sie schiebt deine Schwimmflügel nach oben, und du gehst nicht unter.

● Mit Schwimmflügeln kannst du gefahrlos schwimmen lernen. Die Luft darin verhindert, dass du untergehst.

● In Salzwasser kann man sich viel besser treiben lassen als in Süßwasser. Das Tote Meer zwischen Israel und Jordanien ist das salzigste Gewässer der Erde – auch ohne Schwimmflügel geht man dort nicht unter!

● Suche fünf Gegenstände, die so leicht sind, dass sie an der Wasseroberfläche treiben, und fünf, die so schwer sind, dass sie untergehen.

● Taucher wollen nicht an der Oberfläche treiben, sondern untergehen. Deshalb tragen sie einen Gürtel mit schweren Gewichten – nicht nachmachen!

● Viele Fische haben einen Luftsack in ihrem Körper, den man Schwimmblase nennt. Er funktioniert ähnlich wie deine Schwimmflügel. Füllt ein Fisch seine Schwimmblase mit Luft, dann steigt er nach oben. Lässt er die Luft ab, sinkt er wieder in tieferes Wasser.

Warum müssen Haie immerzu schwimmen?

Hört ein Hai auf zu schwimmen, dann sinkt er wie ein Stein. Das ist deshalb so, weil ein Hai für seine Größe sehr schwer ist und keine Schwimmblase hat. Also muss er pausenlos schwimmen, um nicht unterzugehen – genau wie du.

Warum habe ich Hunger?

Wenn du dich bewegst, verbrauchst du Energie und kommst außer Puste. Gehen, Rennen, Hüpfen – all das verbraucht Energie. Ohne Energie könntest du nicht sprechen, schreiben, lesen und auch nicht schlafen! Die Energie ist in deinem Körper gespeichert und wird mit der Nahrung geliefert. Brauchst du neue Energie, bekommst du Hunger.

● Wenn du rennst, verwandelt sich die Energie im Körper Bewegungsenergi

● Unterschiedliche Dinge erzeugen unterschiedliche Arten von Energie. Hier ein paar Beispiele:

Feuer = Wärmeenergie

Fahrrad = Bewegungsenergie

Trommel = Schallenergie

Isst du einen kleinen
pfel, hast du genug
nergie für eine halbe
tunde Mittagsschlaf.

Energie lässt sich weder herstellen noch zerstören. Sie geht nur von einer Form in eine andere über. Beim Bogenspannen wird Energie im Bogen gespeichert. Diese verwandelt sich in Bewegungsenergie, sobald der Pfeil aus dem Bogen schießt.

Was ist Energie?

Energie treibt alles an – ohne Energie könnte nichts im Universum funktionieren. Energie kann man nicht sehen, aber man kann sehen und fühlen, was sie bewirkt. Du musst dich nur umsehen – sie lässt Autos fahren, Flugzeuge fliegen, Lampen leuchten, Trommeln schwingen und Feuer Wärme spenden.

ahrung = chemische Energie

Zug = Elektroenergie

Taschenlampe = Lichtenergie

Warum wird der Löffel im Kakao heiß?

Wärmeenergie ist ständig in Bewegung. Der Löffel im Kakao erwärmt sich, weil sich die Wärmeenergie aus dem heißen Kakao in den Löffel bewegt.

● Dinge, die Wärme durch sich hindurchfließen lassen, nennt man Wärmeleiter. Ein Metalllöffel ist ein guter Wärmeleiter.

● Unser Körper gibt ständig Wärme ab. Manche Alarmanlagen werden durch die Körperwärme von Einbrechern ausgelöst.

Warum ist Sonnenlicht warm?

Sonnenlicht ist warm, weil die Sonne sowohl Lichtenergie als auch Wärmeenergie abgibt. Diese Wärmeenergie wandert in unsichtbaren, geradlinigen Strahlen, den sogenannten Wärmestrahlen, zu uns auf die Erde. Du kannst sie zwar nicht sehen, aber an sonnigen Tagen auf der Haut fühlen.

● Barfuß auf dem Kachelboden bekommst du schnell kalte Füße, denn die Kacheln entziehen ihnen Wärmeenergie. Auf dem Teppich bleiben deine Füße warm, denn er entzieht ihnen kaum Wärme.

Wie halten sich Drachenflieger in der Luft?

Wenn die Sonne den Boden erwärmt, gibt er die Wärme an die Luft ab. Warme Luft ist leichter als kalte und steigt deshalb auf. Drachenflieger nutzen die aufsteigende, warme Luft, um zu fliegen. Die aufwärtsgerichteten warmen Luftströmungen nennt man Thermik.

Was ist Schall?

Schall ist eine Form von Energie. Er entsteht, wenn etwas schwingt oder sich sehr schnell hin- und herbewegt. Die schwingenden Bewegungen nennt man Vibrationen. Klänge und Töne hörst du deshalb, weil die Vibrationen durch die Luft bis in deine Ohren dringen.

Manche Sänger können angeblich Noten singen, die so hoch und laut sind, dass Glas zerspringt!

So kannst du beobachten, wie Töne vibrieren: Binde einen Faden an ein Stück Seidenpapier. Drehe nun ganz laut Musik auf und halte den Faden mit dem Seidenpapier direkt vor den Lautsprecher. Die Vibrationen bringen das Papier zum Schwingen. Nein? Dann drehe die Musik noch lauter auf!

Wenn du ein Becken schlägst, vibrieren die Teller und geben ein lautes Getöse von sich.

Warum bläst man die Trompete durch geschlossene Lippen?

Um einer Trompete Töne zu entlocken, musst du die Lippen beim Blasen fest zusammenpressen. Das bringt deine Lippen zum Schwingen und damit auch die Luft, die am anderen Ende des Instruments als Ton entweicht.

● Schall wandert mit 340 Metern pro Sekunde durch die Luft. Das ist mehr als die Länge von drei Fußballfeldern.

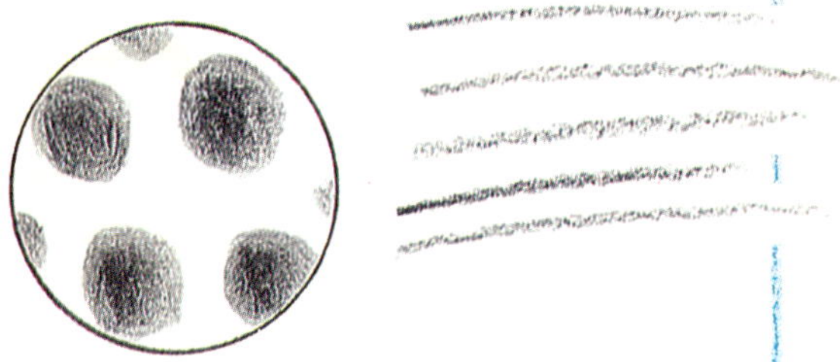

Kann Schall unter Wasser wandern?

Schall braucht einen Stoff, der ihn
nsportiert. Das kann Luft oder
asser sein oder etwas anderes.
Weltall gibt es keine Luft. Des-
lb müssen Astronauten sich über
nk unterhalten.

Und ob! Schall wandert viermal schneller durch Wasser als durch Luft. Er kann so weite Wege zurücklegen, dass Wale sich über mehr als hundert Kilometer hinweg verständigen können.

Wie entstehen Schatten?

Licht breitet sich in geradlinigen Strahlen aus. Treffen Lichtstrahlen auf ein Hindernis, welches das Licht nicht durchscheinen lässt, werden sie aufgehalten und zurückgeworfen. Hinter dem Hindernis entsteht ein dunkler Schatten.

- Versuche einmal, Schattentiere zu bilden, indem du deine Finger im Schein einer hellen Taschenlampe bewegst.

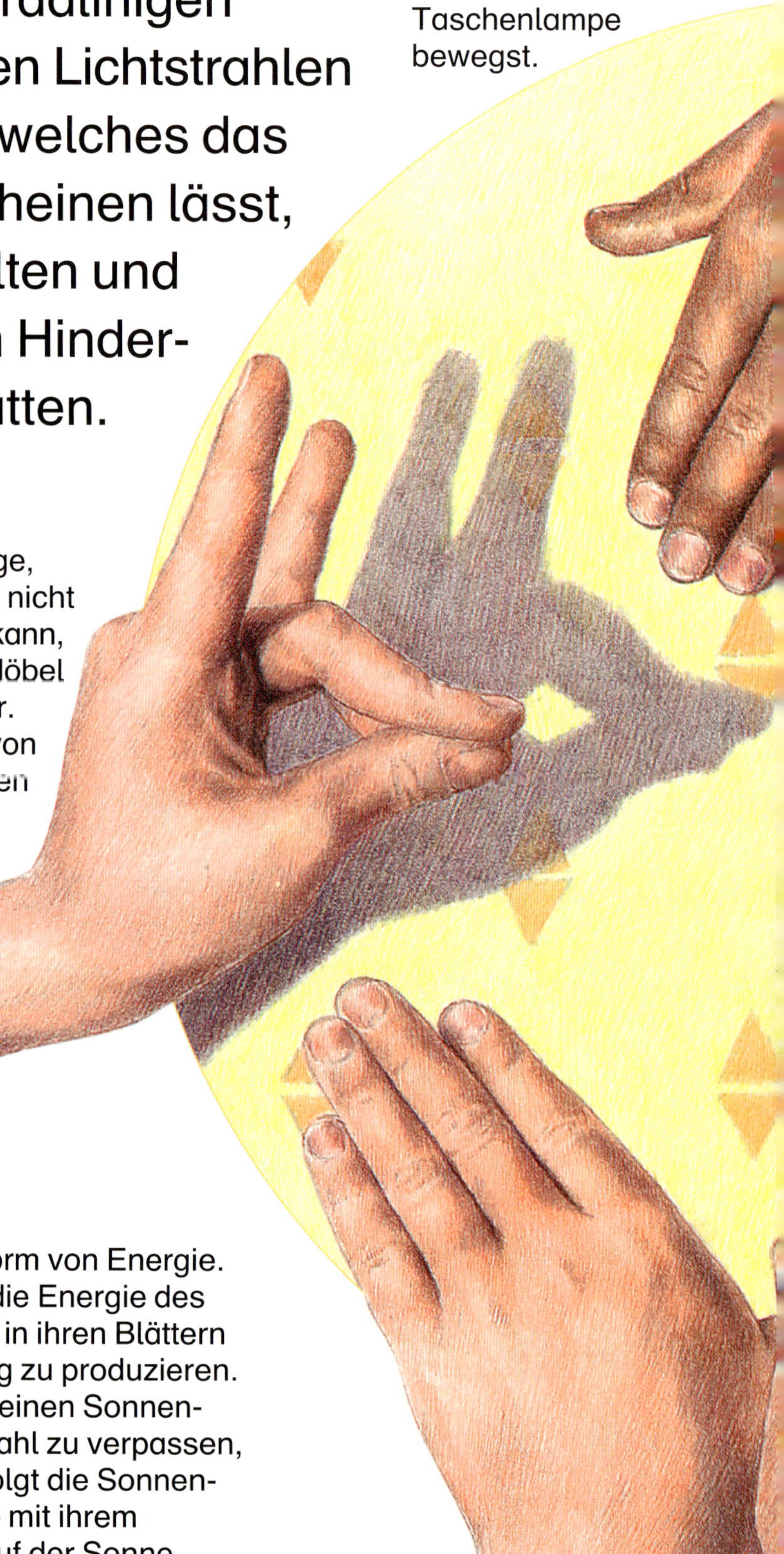

- Es gibt viele Dinge, durch die das Licht nicht hindurchscheinen kann, wie etwa Wände, Möbel oder deinen Körper. Man spricht dann von lichtundurchlässigen Körpern.

- Licht ist eine Form von Energie. Pflanzen nutzen die Energie des Sonnenlichts, um in ihren Blättern Nahrung zu produzieren. Um keinen Sonnenstrahl zu verpassen, folgt die Sonnenblume mit ihrem „Gesicht" dem Lauf der Sonne.

● Wusstest du, dass sich anhand von Schatten die Uhrzeit bestimmen lässt? Das nächste Mal, wenn die Sonne scheint, stecke einen Bleistift in eine Garnrolle und stelle das Ganze auf ein Blatt Papier. Ziehe zu jeder vollen Stunde einen Strich entlang der Schattenlinie des Bleistifts und schreibe die Stunde darüber. Nun hast du eine Sonnenuhr, die dir an sonnigen Tagen die Uhrzeit verrät.

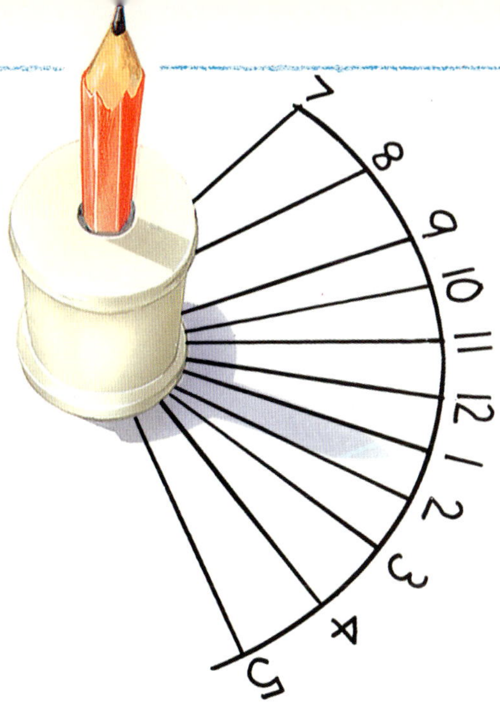

Warum sieht man durch Glas hindurch?

Glas ist klar und lichtdurchlässig. Deshalb kannst du hindurchsehen. Es ist ideal für Fenster, da es Sonnenlicht ins Zimmer lässt und man gleichzeitig sehen kann, was draußen vor dem Fenster so alles passiert.

● Badezimmerfenster sind oft aus Mattglas und lassen nur einen Teil des Lichts durch. Das hat den Vorteil, dass man von außen nicht alles sehen kann.

Wie können wir Dinge sehen?

Treffen Lichtstrahlen auf einen lichtundurchlässigen Körper, dann prallen sie ab und werden zurückgeworfen – so wie ein Ball vom Boden. Diesen Vorgang nennt man Reflexion. Wir können Dinge nur deshalb sehen, weil das Licht an ihnen abprallt und in unsere Augen dringt.

● Du siehst dein Spiegelbild in einer Pfütze deshalb, weil das ruhige Wasser das Licht direkt in deine Augen reflektiert.

● Ein U-Boot-Kapitän späht durch ein sogenanntes Periskop, um zu sehen, was über dem Wasser passiert. Spiegel an der Innenseite des Periskops lenken das Licht von oben in die Augen des Kapitäns.

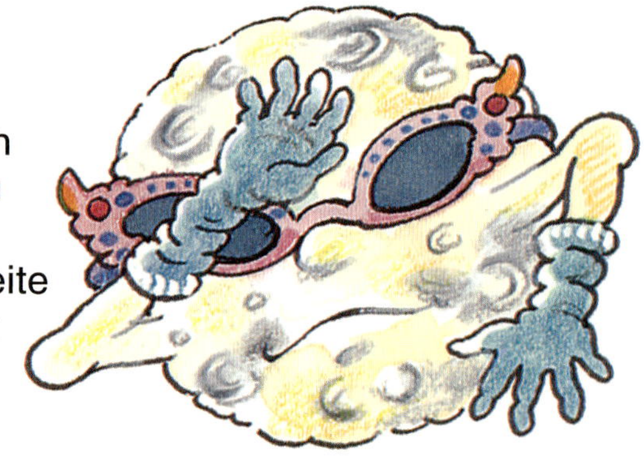

● Der Mond reflektiert das Licht der Sonne. Er leuchtet nicht selbst.

● Beobachte einmal, was passiert, wenn Licht durch einen Wassertropfen fällt. Schneide ein Loch in ein Stück Pappe und klebe durchsichtiges Klebeband darüber. Gib dann vorsichtig einen Wassertropfen darauf und sieh dir durch den Tropfen etwas Kleines an, einen Marienkäfer etwa. Durch den Tropfen erscheint er viel größer!

Warum sehen meine Beine unter Wasser kürzer aus?

Wenn Licht durch Wasser dringt, wandern die Strahlen langsamer als in der Luft. Dadurch sehen die Dinge für uns anders aus, und deshalb erscheinen dir deine Beine im Schwimmbecken ziemlich kurz und dick. Aber keine Angst – das sind sie nicht wirklich.

● Wenn Licht durch Wasser ʌandert, verändert das unseren Seheindruck. Deshalb ist ɔs auch so schwierig, Fische mit dem Netz zu fangen – sie sind nie dort, wo sie zu sein scheinen. Um einen zu fangen, musst du unter die Stelle zielen, an der du ihn siehst.

Wie entsteht ein Regenbogen?

Auch wenn das Sonnenlicht weiß erscheint, besteht es in Wirklichkeit aus vielerlei Farben. Wenn manchmal während eines Regenschauers die Sonne auf die winzigen Regentropfen in der Luft scheint, werden die Lichtstrahlen gebrochen und in die einzelnen Farben zerlegt. Am Himmel erscheint ein herrlicher Regenbogen.

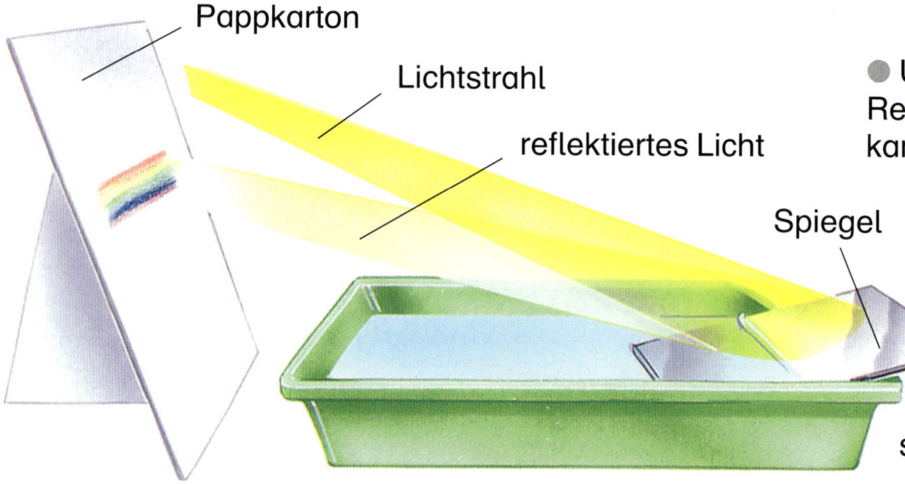

● Um einen Regenbogen zu sehen, kann man auch einen Spiegel schräg in eine flache Schale mit Wasser stellen. Versuche nun, das Sonnen- oder Lampenlicht vom Spiegel auf eine weiße Pappe zu lenken. Durch das Wasser sollte das Licht nun in seine Farben zerlegt werden: Auf der Pappe erscheinen die Farben des Regenbogens.

● Du musst nicht auf Regen warten, um einen Regenbogen zu sehen. Gieße einfach an einem sonnigen Tag den Garten – vielleicht siehst du einen Regenbogen im Wasserstrahl.

Warum ist Gras grün?

Sehen können wir deshalb, weil das Licht von den Dingen abprallt und in unsere Augen dringt. Doch nicht alle Farben des weißen Lichts werden zurückgeworfen. Einige werden geschluckt. Gras reflektiert nur den grünen Anteil und schluckt alle anderen Farben des weißen Lichts.

● Das leuchtende Farbkleid vieler Tiere dient häufig als Warnung. Die schwarz-gelben Streifen der Wespe etwa warnen uns – und andere Tiere – vor dem giftigen Stachel.

● Viele Tiere brauchen eigentlich gar keine Farben zu sehen. Sie verlassen sich mehr auf ihren ausgeprägten Gehör- oder Geruchssinn.

Können Katzen Farben sehen?

Ja. Aber sie sehen nicht alle Farben, die du siehst. Das müssen sie auch gar nicht, denn die meisten Katzen sind nachts am muntersten und gehen erst dann auf Beutejagd.

Woraus besteht Luft?

Luft ist ein Gasgemisch, das hauptsächlich aus Stickstoff und Sauerstoff besteht sowie aus etwas Kohlendioxid und Wasserdampf. Außerdem enthält Luft winzige Teile Salz, Staub und Schmutz. Luft kannst du weder sehen, riechen noch schmecken, aber du kannst sie fühlen, wenn der Wind weht.

● Wir merken es zwar nicht, doch die Luft um uns ist ganz schön schwer und übt Druck auf uns aus. Die Luft in einem mittelgroßen Raum wiegt so viel wie siebzig gefüllte Konservendosen.

● Wenn du die Kerzen auf einem Kuchen ausblasen willst, musst du ganz tief Luft holen.

Wie kommen die Blasen in sprudelige Getränke?

Die Blasen in sprudeligen Getränken bestehen aus Kohlendioxid. Dieses Gas wird so fest in die Flasche gepresst, dass es im Getränk verschwindet. Öffnet man die Flasche, kann es entweichen und zischt in die Luft.

● Du kannst dir Sprudelblasen selbst machen, indem du einen Teelöffel Backpulver in einen Becher Wasser gibst. Warte kurz. Gleich beginnt es zu sprudeln!

Warum geht Kuchen auf?

Wenn du einen Kuchen in den Ofen schiebst, dann heizt sich der Teig auf und bildet Blasen aus Kohlendioxid. Diese werden in der Hitze immer größer und lassen den Kuchen aufgehen.

● Auch die Luft, die du in den Kuchenteig mit einrührst, sorgt dafür, dass der Kuchen schön locker wird.

Warum brauchen wir Luft?

Alle Tiere auf der Erde brauchen Sauerstoff aus der Luft zum Leben – auch du! Aus Sauerstoff gewinnt der Körper Energie, um zu leben und zu wachsen.

● Alle Pflanzen brauchen Luft, Licht und Wasser, um zu leben und zu wachsen – genau wie wir Menschen und viele andere Lebewesen auf unserem Planeten.

● Auch wenn sie im Meer leben, atmen Wale Sauerstoff aus der Luft. Pottwale können die Luft bis zu zwei Stunden anhalten. Erst dann müssen sie wieder an die Oberfläche, um Luft zu holon.

Warum brauchen wir Licht?

Ohne Sonnenlicht gäbe es nichts zu essen! Pflanzen sind die einzigen Lebewesen, die ihre Nahrung selbst herstellen. Und dazu brauchen sie Sonnenlicht. Alle anderen Lebewesen ernähren sich von Pflanzen oder von Pflanzen fressenden Tieren. Ohne Pflanzen würden wir alle verhungern!

● Wer schon einmal zelten war, der weiß, dass das Gras unter dem Zeltboden verblasst und verkümmert. Das liegt daran, dass es eine Zeit lang das lebenswichtige Sonnenlicht entbehrt hat. Aber keine Sorge – es erholt sich rasch!

Warum brauchen wir Wasser?

Man kann sich das nur schwer vorstellen, aber zwei Drittel unseres Körpers bestehen aus Wasser. Dasselbe gilt für die meisten Tiere und Pflanzen. Alle Lebewesen auf der Erde brauchen Wasser, um zu eben. Ohne Wasser würden sie sterben.

● Ohne Nahrung kann ein Mensch mehrere Wochen überleben. Ohne Wasser aber nur drei bis vier Tage.

Tiere

Gab es Pferde schon zur Zeit der Dinosaurier?

Nein. Das früheste bekannte Pferd erschien vor rund 50 Millionen Jahren, 15 Millionen Jahre nach dem Aussterben der Dinosaurier. Wissenschaftler haben es Hyracotherium getauft, und es war winzig – etwa so groß wie ein Fuchs.

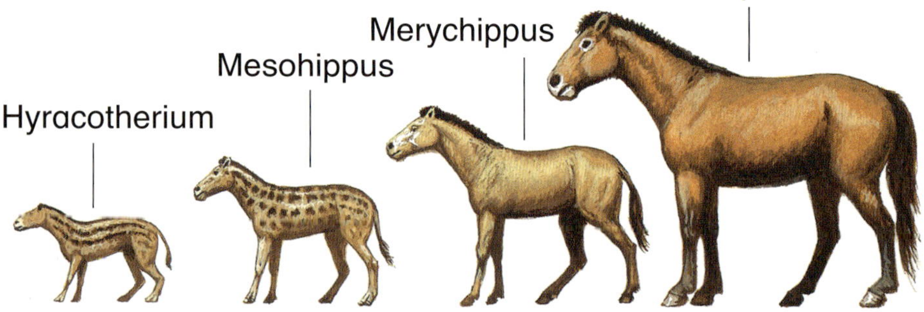

● Equus, das Pferd, das wir heute kennen, erschien vor etwa zwei Millionen Jahren.

● Mehr als 10 000 Jahre alte Höhlenmalereien zeigen, dass die Menschen der Urzeit Pferde als Fleischlieferanten jagten. Gezähmt und als Haustiere gehalten wurden sie erst später.

Wann wurden Pferde zum Haustier?

Der erste Schritt vom Wildtier zum Haustier war die Haltung der Pferde in Herden als Fleischlieferanten. Dies geschah vor rund 6 000 Jahren. Es dauerte noch ein paar Jahrhunderte, bis der Mensch lernte, sie zum Reittier auszubilden.

Das Hyracotherium musste vor dem flugunfähigen Vogel Diatryma flüchten. Dieser war zehnmal so groß wie das winzige Pferdchen und hatte einen gewaltigen Appetit!

Die heutigen Wildpferde sind Nachfahren ehemaliger Hauspferde, die in die Wildnis entkamen. Dazu gehören die Mustangs in den USA, die Brumbys in Australien und die Camargue-Pferde in Frankreich.

Gibt es heute noch Wildpferde?

Heute gibt es nur noch eine Pferderasse, die von den Wildpferden der Urzeit abstammt: das Przewalski-Pferd. Es ist nach dem russischen Forschungsreisenden benannt, der es in den 1880er-Jahren in der Mongolei entdeckte.

In freier Wildbahn starb das Przewalski-Pferd in den 1960er-Jahren aus. Man hatte es aber bereits vorher in Zoos gezüchtet, und heute wird es in der Mongolei wieder ausgewildert.

Wann gingen Pferde auf Löwenjagd?

Zur Zeit der alten Ägypter vor rund 3000 Jahren streiften Löwen durch die ägyptische Wüste. Bevorzugter Zeitvertreib reicher Edelleute war es damals, diese Raubkatzen von schnellen Pferdewagen aus zu jagen.

● Bucephalus soll so ungestüm gewesen sein, dass niemand ihn zu reiten vermochte – bis der zwölfjährige Alexander auf seinen Rücken sprang und ihn bändigte.

Warum ist Bucephalus berühmt?

Der schwarze Hengst Bucephalu
war das Kriegsross Alexanders
des Großen, König von Make-
donien und einer der größte
Feldherren aller Zeiten. Als
Bucephalus 327 v. Chr.
starb, gründete Alexander
eine Stadt und nannte sie
zu seinen Ehren Bucephal

Geschichten erzählen, wie altgriechische Krieger sich den Weg in die feindliche Stadt Troja erschlichen, indem sie sich in einem riesigen hölzernen Pferd versteckten. Als die Krieger nach Einbruch der Nacht die Stadttore öffneten, strömten ihre Kameraden herein und steckten ganz Troja in Brand.

Velche Pferde atten die Ritter?

n Mittelalter zogen die itter auf flinken, wendigen ferden in die Schlacht. Diese aren etwa so groß wie die eutigen Springpferde. Bei Wettämpfen, den Turnieren, ritten e allerdings größere und chwerere Streitrösser.

Wie verdienten Pferde sich früher ihren Hafer?

Bevor im 19. Jahrhundert Eisenbahn und Auto erfunden wurden, taten Pferde fast all die schwere Arbeit. Sie zogen Fuhrwerke voll Güter und Kutschen voll Menschen. Ja, sogar Kähne zogen sie

Wann begann das Zeitalter der Postkutsche?

Ab dem 17. Jahrhundert brachten Postkutschen die Leute von Stadt zu Stadt. Wie heute in Zug und Bus konnte jeder mitfahren, der den Fahrpreis bezahlte.

● Viele Passagiere zitterten bei dem Gedanken, von bewaffneten Räubern überfallen zu werden. Der berühmteste dieser Wegelagerer war Dick Turpin, der 1739 für seine Verbrechen gehenkt wurde.

Shetland-Ponys arbeiteten unter Tage in Bergwerken und zogen mit Kohle und Eisenerz beladene Wagen durch die Stollen.

Warum ist der Pony-Express so berühmt?

Obwohl er kaum zwei Jahre lang existierte (1860 – 61), war der amerikanische Pony-Express weltberühmt: Briefe und Päckchen, die seine Reiter zustellten, waren doppelt so schnell beim Empfänger wie mit der Postkutsche!

Viele Pony-Express-Reiter waren leichtgewichtige Teenager. Denn je weniger Gewicht ein Pferd tragen muss, umso schneller kann es laufen.

Welche Arbeiten verrichten Pferde heute?

Wer auf einem Pferd sitzt, kann eine Menschenmenge überblicken und kommt auch viel schneller voran als zu Fuß. Zwei gute Gründe, warum es rund um den Globus berittene Polizei gibt.

Manche Pferde arbeiten, damit Menschen einen schöner Urlaub haben: beim Pony-Trekking zum Beispiel oder bei Kutschfahrten in Stadtparks und Ausritten am Strand.

Die berühmtesten beritte-nen Polizeibeamten sind die kanadischen „Mounties“. Heute steigen sie allerdings nur noch zu besonderen Anlässen aufs Pferd.

Auch Frauen arbeiten als „Cowboys“. In Australien werden weibliche Cowboy-Lehrlinge Jillaroos genannt, männliche heißen Jackeroos.

Welche Pferde werden von Cowboys geritten?

Rund um den Globus werden unterschiedliche Rassen eingesetzt. Zu den besten vierbeinigen Arbeitern zählen das französische Camargue-Pferd, das australische Stock-Horse, der argentinische Criollo sowie das Quarter Horse und der Mustang in Amerika und Mexiko.

Cowboy ist ein amerikanischer Begriff. In Frankreich heißen diese Leute Gardians, in Südamerika Gauchos, in Australien Stockmen, und in Mexiko werden sie Vaqueros genannt.

Welche Tiere schießen auf ihre Beute?

Wenn ein Schützenfisch ein Insekt auf einer Pflanze über dem Wasser entdeckt, erschießt er es – natürlich nicht mit einem Pfeil oder einer Pistole, sondern mit einem gezielten Wasserstrahl aus seinem Maul. Das getroffene Insekt fällt ins Wasser und der Fisch kann es fressen.

Die Bolaspinne fängt ihre Beute mit einer Art Lasso aus der Luft – mit einem Seidenfaden, an dessen Ende eine klebrige Kugel hängt.

Der Schützenfisch kann sehr gut schießen. Er trifft sogar Insekten, die drei Meter von ihm entfernt sind.

Der Knallkrebs erzeugt mit seiner großen linken Schere ein lautes Knallen, das kleine Fische so betäubt, dass sie leicht zu fangen sind.

Welche Tiere sind Blutsauger?

Die größten „Blutsauger“ unter den Tieren sind Vampirfledermäuse, Mücken und Blutegel. Vampirfledermäuse trinken normalerweise kein Menschenblut, doch Mücken und Blutegel sind nicht so wählerisch!

● Blutegel schwellen an, wenn sie sich vollgesaugt haben. Aber nicht alle Egel leben von Blut.

Welche Vögel fischen mit Ködern?

Manche Reiher ködern Fische mit Insekten und Federn. Sie lassen den Köder ins Wasser fallen und warten, bis ein Fisch ihn entdeckt. Der Fisch hält ihn für einen Leckerbissen – und landet im Schnabel des Reihers.

Warum stellen Opossums sich tot?

Wenn ein Opossum angegriffen wird, versucht es manchmal, seinen Feind zu täuschen, indem es sich tot stellt. Die Augen werden glasig, es liegt vollkommen still und lässt seine Zunge heraushängen. Meist aber rennen Opossums weg oder flüchten auf einen Baum.

● Auch Ringelnattern versuchen ihren Feinden zu entkommen, indem sie sich tot stellen.

Welches Tier stinkt am schlimmsten?

Das Stinktier trägt seinen Namen wirklich zu Recht! Kommt ihm ein Raubtier zu nahe, wird es mit einer stinkenden, öligen Flüssigkeit eingesprüht. Der üble Geruch hält sich tagelang!

Welches ist das stacheligste Tier?

Stachelschweine sind stacheliger als ein Nadelkissen. Ihr Rücken ist mit Hunderten von langen spitzen Stacheln mit Widerhaken besetzt.

● Wenn ein Stachelschwein angegriffen wird, stellt es die Stacheln auf und rasselt warnend damit. Dann bewegt es sich rückwärts auf den Angreifer zu.

● Manche Krebse haben Leibwächter. Sie tragen eine Seeanemone auf ihrem Panzer, deren Nesselzellen jedem Angreifer wehtun, der sich zu nahe heranwagt.

● Bei Gefahr schluckt ein Igelfisch Wasser, bis er zu einer stacheligen Kugel geworden ist.

Wie viele Ameisen kann ein Ameisenbär fressen?

An einem Tag frisst ein Großer Ameisenbär bis zu 30 000 Ameisen! Jedes Mal, wenn er seine lange Zunge vorschnellen lässt, bleiben bis zu 500 Ameisen kleben. Ameisenbären können nicht kauen, denn sie haben keine Zähne. Sie schlucken die Ameisen am Stück.

● Ameisenbären müssen auf den Handknöcheln laufen, weil ihre Krallen lang und scharf sind. Mit ihnen reißen sie die Ameisennester auf, um an ihr Futter zu kommen.

● Um an den Honig zu gelangen, reißen Bären Bienennester auf. Die Stiche scheinen ihnen nichts auszumachen.

● Vögel, die sich von Fischen ernähren, haben oft einen langen, spitzen Schnabel. Der Schlangenhalsvogel benutzt seinen Schnabel zum Aufspießen der Beute.

Welches Tier benutzt seine Finger als Gabel?

Das affenähnliche Fingertier verdankt seinen Namen den dünnen Fingern und Zehen. Mit dem besonders langen Mittelfinger stochert es unter der Baumrinde nach Larven und Insekten und spießt sie damit auf – wie mit einer Gabel.

Fingertiere gibt es nur auf Madagaskar, einer Insel vor der Ostküste von Afrika.

Welches Tier ist am gierigsten?

Für ihre Größe hat die winzige Etruskerspitzmaus den größten Appetit der Welt. Sie frisst fast pausenlos! Ein ausgewachsenes Tier vertilgt jeden Tag das Dreifache seines Körpergewichts.

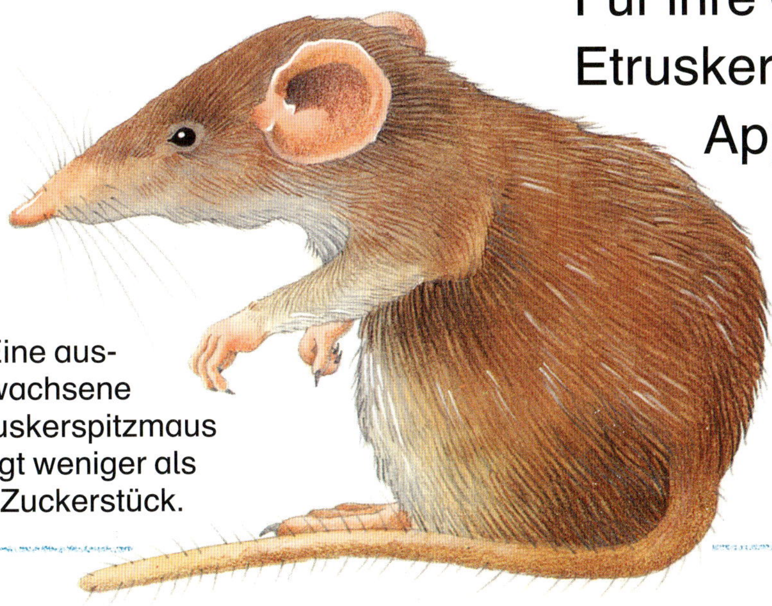

Eine ausgewachsene Etruskerspitzmaus wiegt weniger als ein Zuckerstück.

Welche Vögel können auch nach hinten sehen?

Die Augen der Eule sitzen natürlich nicht im Hinterkopf, aber trotzdem kann sie sehr gut nach hinten sehen. Ihr Hals ist so beweglich, dass sie den Kopf fast ein Mal herumdrehen kann!

● Mit ihren großen Augen können Eulen nachts gut sehen. Um diese Zeit jagen die meisten Eulen.

Wie können Fledermäuse im Dunkeln sehen?

Fledermäuse fliegen nicht nur durch die Nacht, ohne irgendwo anzustoßen, sie fangen dabei auch noch Insekten. Sie schaffen das, weil sie ihren Weg nicht mithilfe von Licht, sondern von Tönen finden.

● Beim Fliegen stoßen Fledermäuse ständig sehr hohe Schreie aus. Wenn diese Töne auf etwas treffen – zum Beispiel einen Baum –, werden sie zurückgeworfen und die Fledermaus hört sie als Echo. Weil Fledermäuse sehr gut hören, „hören" sie so jedes Hindernis und umfliegen es.

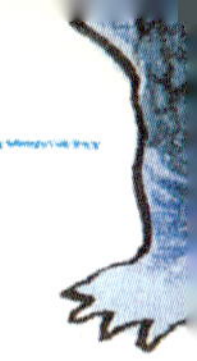

● Seesterne haben keinen Kopf, aber sie haben Augen. Sie sitzen an den Enden ihrer Arme.

● Der Blauzungenskink streckt seine große blaue Zunge heraus, um seine Feinde zu verjagen.

Welche Tiere riechen mit der Zunge?

Schlangen und Eidechsen riechen nicht mit der Nase, wie wir es tun. Stattdessen lassen sie ihre Zunge vor- und zurückschnellen. Die Zunge nimmt Gerüche vom Boden und aus der Luft auf, sodass die Tiere ihre Beute aufspüren können.

● Die Ohren der Afrikanischen Elefanten sind die größten der Welt – so groß wie Bettlaken. Elefanten können zwar sehr gut hören, aber sie benutzen ihre Ohren vor allem, um sich abzukühlen. Sie fächeln sich mit ihnen kühle Luft über den Körper.

Welcher Fisch hat Scheinwerfer?

In der Tiefsee ist es völlig finster und so kalt wie in einem Kühlschrank. Trotzdem lebt dort eine ganze Reihe merkwürdiger Geschöpfe.

Am Meeresgrund ist es so dunkel, dass einige Fische selbst für Licht sorgen. Der Anglerfisch hat ein rutenförmiges Gebilde am Kopf, das in einem Leuchtorgan endet. Diese „Laterne“ wirkt als Köder für kleinere Fische, die dann von dem großen, weit aufgerissenen Maul des Anglerfisches verschluckt werden.

Anglerfisch

Wie tief ist der Ozean?

Der Meeresboden hat riesige Spalten, die Gräben genannt werden. Manche sind mehr als zehn Kilometer tief.

Abseits der Küsten fällt der Meeresboden an den meisten Stellen etwa vier Kilometer ab. Das ist so tief, dass die Zugspitze locker hineinpassen würde.

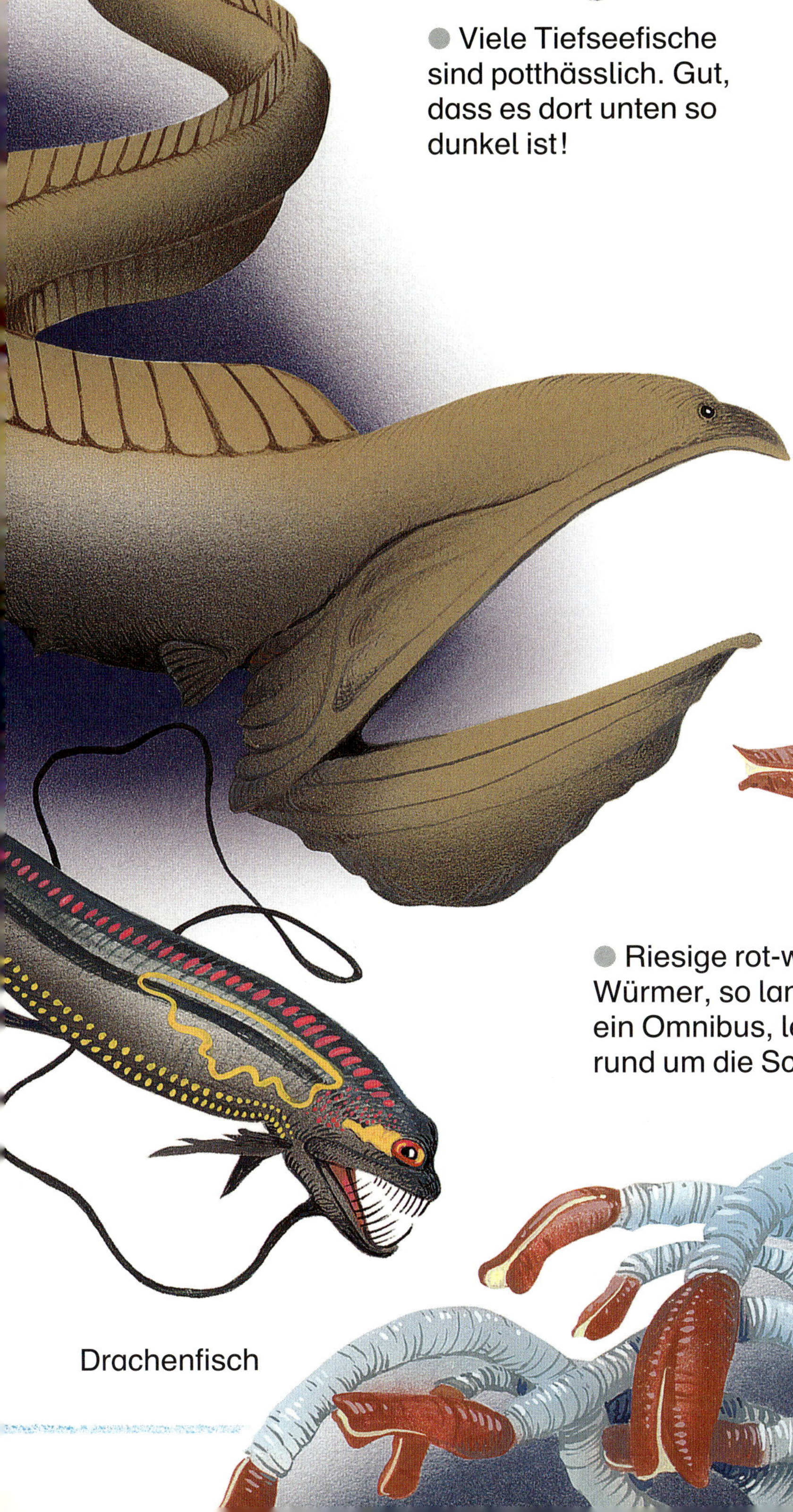

● Viele Tiefseefische sind potthässlich. Gut, dass es dort unten so dunkel ist!

Gibt es unterseeische Schlote?

An manchen Stellen sprudeln heiße Quellen aus Löchern im Meeresboden. Ihr Wasser enthält winzige feste Teilchen, die sich ablagern und zu merkwürdig geformten Schloten auftürmen.

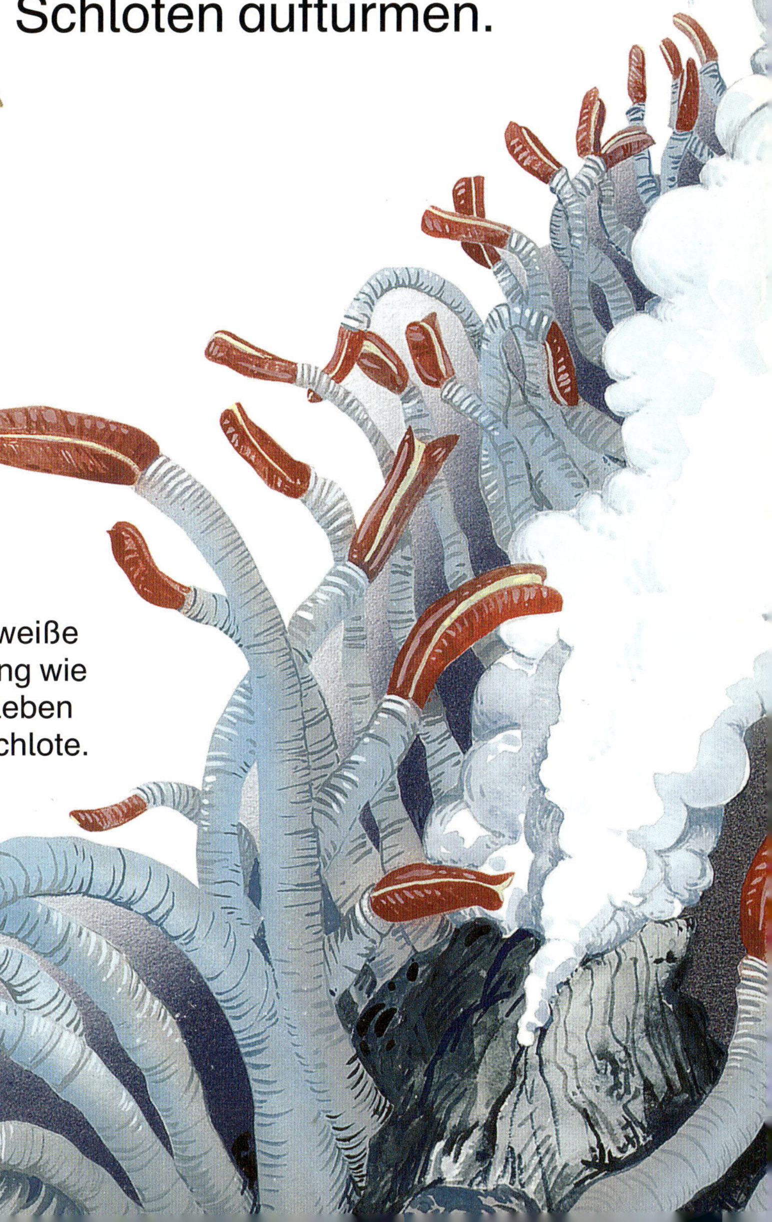

● Riesige rot-weiße Würmer, so lang wie ein Omnibus, leben rund um die Schlote.

Wie atmen Fische?

Auch Fische müssen atmen, um leben zu können. Aber während wir Sauerstoff aus der Luft aufnehmen, holen Fische ihn sich aus dem Wasser. Beim Schwimmen schlucken sie Wasser und stoßen es durch Schlitze am Kopf, die Kiemen, wieder aus. Im Inneren der Kiemen wandert der Sauerstoff vom Wasser in die Blutbahn des Fisches.

● Nicht alle Meerestiere können unter Wasser atmen. Seekühe, Robben und Delfine atmen Luft und müssen deshalb regelmäßig an die Oberfläche.

Wie schwimmen Fische?

Fische schwimmen durch wellenförmige Bewegungen ihres Körpers. Die Schwanzflosse gibt zusätzliche Stoßkraft. Die übrigen Flossen dienen zum Gleichgewichthalten und zum Steuern.

Welcher Vogel fliegt unter Wasser?

Pinguine können nicht durch die Luft fliegen; ihre Flügel sind dazu zu kurz. Viel wohler fühlen sich die Vögel im Wasser, wo sie ihre Stummelflügel wie Flossen einsetzen.

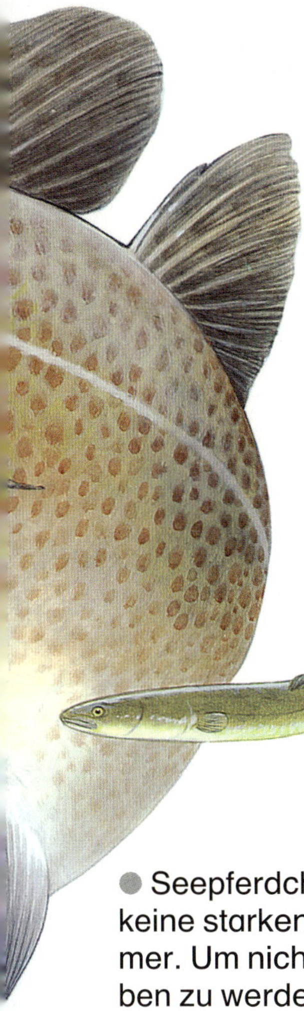

Welches Tier hat einen Düsenantrieb?

Tintenfische haben keine Flossen und keinen Schwanz, können sich aber trotzdem enorm schnell fortbewegen. Sie saugen Wasser ein und stoßen es dann mit solcher Kraft aus, dass ihr Körper nach hinten schnellt.

● Seepferdchen sind keine starken Schwimmer. Um nicht abgetrieben zu werden, halten sie sich an Seegras fest.

● Es gibt verschiedene Tintenfische: Kalmare haben zehn Arme, ihre Vettern, die Kraken, nur acht.

Welches Meerestier spielt gerne?

Delfine sind ungeheuer verspielt und zutraulich. Manche sind so gutmütig, dass man mit ihnen zusammen schwimmen kann. Delfine haben schon Menschen vor dem Ertrinken gerettet, indem sie sie mit ihren Schnauzen ans Ufer bugsierten.

Wie können Wale und Delfine mittels Tönen sehen?

Wale und Delfine orientieren sich nicht mithilfe ihrer Augen, sondern mit ihren Ohren. Beim Schwimmen machen sie Klickgeräusche, die durch Wasser wandern. Trifft ein solches Tonsignal auf einen Gegenstand, kehrt ein Echo zurück – so wie ein Ball, den man gegen eine Wand wirft. Das Echo zeigt dem Tier, was vor ihm liegt.

● Delfine haben bis zu 200 spitze Zähne, um glitschige Fische festhalten zu können. Gut, dass sie sie nicht wie wir jeden Abend putzen müssen!

● Narwale besitzen einen sehr langen, spiralförmigen Stoßzahn. Früher verkauften Seeleute diesen als Horn eines Einhorns!

Welche Meerestiere singen wie Vögel?

Weiße Belugawale werden manchmal auch „Meeres-Kanarien“ genannt, weil sie wie Vögel singen und zwitschern. Darüber hinaus können sie aber auch muhen wie Kühe und ihre Lippen zu lauten „Schmatzern“ zusammenpressen.

Wo leben Kaiser, Clowns und Papageie

Kaiser-, Clown- und Papageifische gehören zu den vielen Tausend wunderschönen Tieren, die die Korallenriffe bevölkern. Tropische Fische wie diese schmücken sich oft mit faszinierenden Farben und auffälliger Zeichnung.

● Korallenriffe wachsen in seichten Gewässern in den wärmsten Teilen der Welt.

● Auf Korallenriffen wohnen Riesenmuscheln. Ihre Schalen werden so groß, dass man darin baden kann!

Was ist ein Korallenriff?

Ein Korallenriff gleicht einer wunderschönen Unterwasser-Hecke. Es mag versteinert und tot wirken, ist in Wahrheit aber sehr lebendig! Korallenriffe bestehen aus vielen Millionen winziger Tiere, deren hartes Skelett nach ihrem Tod zurückbleibt. Jede Generation baut auf den Überresten der alten auf, bis ein riesiges Riff entsteht.

- Korallen gibt es in allen möglichen Formen – sie können aussehen wie Geweihe, Teller, Pilze, Federn, Gänseblümchen und sogar wie ein Gehirn!

Wo liegt das größte Riff?

Das größte Korallenriff der Welt liegt vor der Nordostküste Australiens. Es heißt Great Barrier Reef und erstreckt sich über mehr als 2000 Kilometer. Es ist so riesig, dass Astronauten es aus dem Weltraum sehen können.

Welcher Fisch ist der größte?

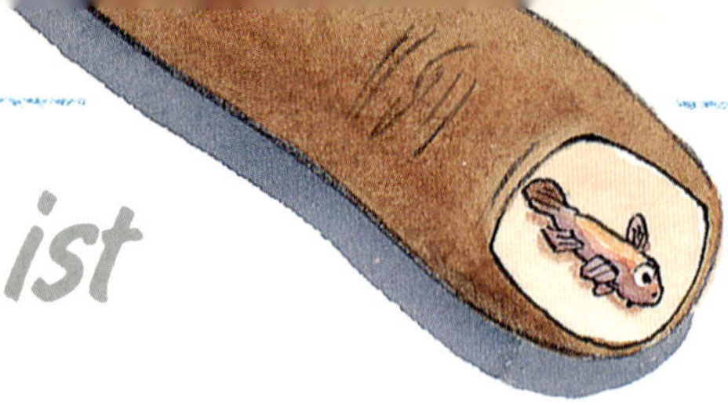

Der Gründling ist der kleinste Fisch im Weltmeer.

Der Walhai ist der größte Fisch der Welt. Er ist wirklich riesig – so lang wie acht Taucher aneinandergereiht und so schwer wie sechs ausgewachsene Elefanten.

Der Bandfisch ist der längste Fisch im Weltmeer. Er ist so lang wie vier Kanus hintereinander.

Die größte Meerespflanze ist der Birnentang. Ein einzelner Trieb kann fast so lang werden, wie du einen Fußball schießen kannst.

Welcher Fisch ist der schnellste?

Der Fächerfisch ist mit Geschwindigkeiten von über 100 Stundenkilometern so schnell wie ein Auto. Er legt die Flossen an und schießt mit seiner spitzen Nase wie ein Pfeil durchs Wasser.

Walhai

Welcher Krebs ist der größte?

● Der gerade einmal erbsengroße Muschelwächter ist das kleinste Krebstier überhaupt. Er lebt in Austern- und Muschelschalen.

Die Japanische Riesenkrabbe misst von der Spitze einer Vorderzange zur anderen fast vier Meter. Wenn sie sich streckt, könnte sie ein Nilpferd umarmen!

Welcher Fisch geht mit einem Hammer auf Jagd?

Der Hammerhai hat einen riesigen Kopf, der wie ein Hammer geformt ist. Allerdings benutzt er diesen nicht zum Nägeleinschlagen, sondern zur Jagd. Augen und Nasenlöcher des Hais liegen seitlich an den Enden des Hammerkopfes.

● Die Portugiesische Galeere fängt ihr Abendbrot mit langen Tentakeln, die ein Nesselgift absondern.

Gibt es „elektrische“ Fische?

Manche Fische senden Elektroschocks aus, um sich zu schützen oder Beutetiere zu lähmen. Der Meeresfisch mit der stärksten „Ladung“ ist der Zitterrochen. Könnte man ihn anknipsen, würde er eine Glühbirne zum Leuchten bringen!

Makrelen schließen sich zu Tausenden zu riesigen Schwärmen zusammen. So haben es ihre Feinde schwer, aus der silbrig schimmernden Masse ein einzelnes Beutetier auszuwählen.

Welche Fische sehen aus wie Steine?

Steinfische sehen tatsächlich aus wie richtige Steine – sind aber sehr viel gefährlicher! Werden sie angegriffen, stechen sie mit den spitzen Flossenstacheln zu. Ihr Gift ist sogar für Menschen tödlich.

Der Große Fetzenfisch sieht aus wie eine schwimmende Tangpflanze. Wenn das keine perfekte Tarnung ist!

Wer fischt mit Feuer?

Auf einer Insel im Pazifik gehen die Einwohner nachts auf Fischfang. Sie stecken Palmenäste in Brand und hängen sie dann von ihren Booten aus übers Wasser. Die Fische schwimmen auf das Licht zu – und werden von den spitzen Speeren der Insulaner aufgespießt.

● Braunalgen enthalten viele wertvolle Nährstoffe. Bauern setzen sie deshalb zur Bodenverbesserung ein. Und ein Bestandteil davon macht Eis- und Zahncreme erst so richtig „cremig“.

Gibt es Tierzuchten im Meer?

Ja, aber keine Bauern, Rinder oder Schafe. Einige Fisch- und Muschelarten werden in großen Käfigen im Meer gezogen. Die Fische bekommen so viel Futter, dass sie viel schneller wachsen, als sie es unter natürlichen Bedingungen täten.

Rund um den Globus gibt es viele verschiedene Legenden, wie die Welt entstanden ist. Einer Geschichte zufolge wuchs sie in einer Riesenmuschel. Diese Muschel muss aber wirklich riesig gewesen sein!

Gibt es Schmuck im Meer?

In den warmen tropischen Gewässern können in Austern und anderen Muscheln Perlen wachsen. Weil diese sehr selten sind, bringen sie viel Geld. Perlentaucher setzen oft ihr Leben aufs Spiel, um sie heraufzuholen.

Die größte jemals entdeckte Perle war so groß wie ein Menschenkopf. Stell dir vor, du müsstest sie dir umhängen!

Welches Reptil ist eine lebende Festung?

Unter einem Schildkrötenpanzer lebt es sich wie in einer Festung. Bei Gefahr zieht sich die Schildkröte hinter die dicken Wände zurück und verbarrikadiert die „Türen“ mit Füßen und Krallen. Der Panzer schützt auch vor Hitze und Kälte.

● Landschildkröten leben an Land. Meeresschildkröten haben zu Flossen umgebildete Beine und leben im Meer. Andere Schildkrötenarten sind im Sumpf, in Flüssen und in Seen zu Hause.

● Eine Schildkröte könnte ihre „Rüstung“ nie ablegen. Die dicken Hornplatten des Panzers sind fest mit ihrem Skelett verwachsen.

Haben Schildkröten Zähne?

Schildkröten haben zwar keine Zähne, können mit ihren Hornkiefern aber ganz schön kräftig zubeißen. Besonders gefürchtet sind Schnappschildkröten. Ein Biss, und deine Zehe ist ab!

● Ein verletzter Schildkrötenpanzer wächst nur sehr langsam wieder zu. Der Tierarzt kann die Heilung fördern, indem er ein Stückchen Fiberglas aufsetzt – ein leichtes Material, aus dem Boote gebaut werden.

Welche Schildkröte atmet über einen Schnorchel?

Die Dornrand-Weichschildkröte verbringt fast ihr ganzes Leben unter Wasser. Auch zum Atmen muss sie nicht auftauchen: Sie streckt einfach ihre lange Nase aus dem Wasser und holt durch diesen „Schnorchel" tief Luft.

● Schon vor mehr als 200 Millionen Jahren schwammen Schildkröten im Meer. Sie sind die ältesten Reptilien überhaupt.

● Schildkrötenpanzer schützen vor den meisten Feinden. Adler und Geier haben aber eine Lösung gefunden, diese harte Nuss zu knacken: Sie lassen die armen Tiere aus großer Höhe auf den Boden fallen, sodass der Panzer zerschmettert wird.

Warum spurten manche Echsen auf zwei Beinen?

Manche Echsen können auf zwei Beinen schneller laufen als auf allen vieren. Erschreckt zum Beispiel irgendetwas einen Gewöhnlichen Wasserdrachen, sucht dieser sein Heil in der Flucht. Er richtet sich auf, setzt seine muskulösen Hinterbeine ein und spurtet davon, so schnell ihn seine Füße tragen.

Wie bewegen sich Schlangen ohne Beine?

Schlangen kommen auch ohne Beine gut zurecht. Zum Beispiel schlängeln sie sich voran, indem sie die Körperseiten gegen Steine oder Unebenheiten des Bodens drücken. Viele Schlangen sind gute Schwimmer und Baumbesteiger, einige graben sich in den Boden ein, und ande gleiten sogar durch die Luft.

Geckos können auch kopfunter laufen, weil sie winzige Härchen an den Füßen haben. An jeder Zehe sitzen bis zu 150 000 mikroskopisch kleine Hakenzellen, die sich in jede noch so kleine Unebenheit einhaken. Sogar auf einer Glasscheibe haften sie!

Schildkröten spurten eigentlich nie. Die meisten bräuchten drei Stunden oder mehr, um einen Fußballplatz zu überqueren.

Wie schwimmen Krokodile ohne Flossen?

Krokodile haben zwar keine Flossen, aber einen sehr kräftigen Schwanz, der mit Hin- und-her-Bewegungen für Antrieb sorgt. Dazu legen die Tiere die Beine ganz dicht an, um sich möglichst stromlinienförmig zu machen. So erreichen sie beachtliche Geschwindigkeiten.

Welche Echse schaut gleichzeitig nach rechts und links?

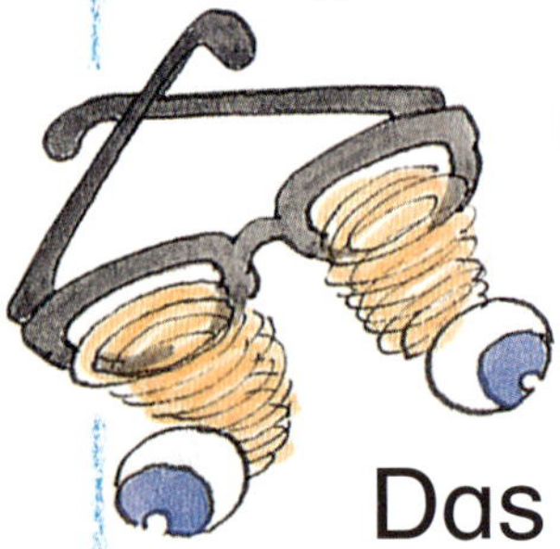

Das Chamäleon kann seine Augen unabhängig voneinander in unterschiedliche Richtungen drehen. Das verdoppelt seine Chancen, etwas Fressbares zu orten. Und ein Falter hat nur geringe Aussicht, ungesehen an ihm vorbeizukommen.

Warum züngeln Schlangen?

Mit der Zunge nimmt die Schlange Gerüche in der Luft auf und leitet sie an ein empfindliches Organ am Gaumendach weiter. Dieses „schmeckt“ die Luft und schickt eine Botschaft an das Gehirn. So erkennt das Tier, ob ein Partner, Beute oder ein Feind in der Nähe ist.

Alligatoren sind die lautesten Reptilien. Sie schwatzen nicht nur miteinander, sie grölen regelrecht! Zur Paarungszeit machen die Männchen besonders viel Krach, um damit Weibchen anzulocken.

- Wenn der lichtscheue Höhlenanolis an die Sonne kommt, schließt er seine Augen und blinzelt durch Schuppen in den Unterlidern. Diese schützen die Augen wie eine Sonnenbrille!

Wozu ist ein Loch im Kopf gut?

Wenn man eine Echse ist, ist ein Loch im Kopf ausgesprochen nützlich – es ist nämlich mit großer Wahrscheinlichkeit ein Ohr! Die meisten Echsen haben auf jeder Kopfseite eine Ohröffnung – ein einfaches Loch, das direkt zum Trommelfell führt. Reptilienohren stehen nicht vor wie unsere. Und die Ohren von Schlangen sind sogar im Kopfinneren verborgen.

- Klapperschlangen und einige andere Vipern können auch in völliger Dunkelheit jagen. Sie nehmen die Körperwärme von Beutetieren wahr und schlagen ihr Opfer dann mit verblüffender Zielsicherheit.

Welches Reptil kann eine Halskrause ausfahren?

Vorsicht vor Krötenechsen! Sie können
den Augenlidern Blut spritzen – echt eklig

Wenn man eine australische Kragenechse erschreckt, erschreckt sie einen zurück: Sie hat eine riesige Hautfalte unter dem Kopf, die sie wie einen Schirm aufspannen kann. Mit diesem Kragen sieht die Echse doppelt so groß aus, wie sie ist. Reißt sie dazu das Maul auf und zischt, kann man wirklich Angst bekommen!

Die Spaltenschildkröte hat ihren Namen nicht von ungefähr: Sie ist so flach, dass sie sich in schmalste Felsspalten zwängen kann. Atmet sie dann noch tief ein, kann kein Fressfeind sie herausziehen!

Welche Schildkröte ist ein Stinktier?

Die Moschusschildkröte heißt in ihrer amerikanischen Heimat zu Recht „Stinktopf“. Bei Bedrohung sondert sie einen üblen Geruch ab, der Feinde schnell vertreibt – auf Dauer!

Warum stellen sich manche Schlangen tot?

Die Stutzechse hat einen Stummelschwanz, der so ähnlich geformt ist wie ihr Kopf. Solange sie also ihren Schnabel hält, können die Feinde dieser Echse nicht sagen, ob sie gerade kommt oder geht.

Manche Schlangen schützen sich, indem sie vorgeben, tot zu sein. Die Ringelnatter etwa dreht sich auf den Rücken, öffnet den Mund, lässt die Zunge heraushängen und rührt sich nicht. Weil viele Fressfeinde keine Lust auf tote Schlange haben, wenden sie sich ab, und die schlaue Natter kommt meistens mit dem Leben davon.

Welches Reptil bleibt in seinem Ei?

Junge Schlangen lassen sich beim Schlüpfen ganz schön Zeit. Nach dem Aufbrechen der Schale streckt der Winzling den Kopf heraus und schaut sich um. Vielleicht beschließt er dann, noch ein oder zwei Tage im Ei zu bleiben, bevor er sich hinauswagt.

● Reptilienbabys haben einen besonderen Zahn zum Aufbrechen der Eischale. Dieser fällt danach ab.

Wer legt die meisten Eier?

Eine Suppenschildkröte (heute landen sie aber nicht mehr in der Terrine!) legt pro Brutsaison über 1 000 Eier in Gruben am Strand. Nur so kann sie sicher sein, dass wenigstens ein paar ihrer Kinder nicht gefressen werden. Oft erreicht nur eine Schildkröte von 1 000 das Erwachsenenalter!

Männlein oder Weiblein? Das Geschlecht von Krokodil- und Schildkrötenbabys hängt oft davon ab, welcher Temperatur die Eier ausgesetzt waren.

Welches Reptil ist die beste Mutter?

Die meisten Reptilien überlassen ihre Eier oder Neugeborenen ganz sich selbst. Anders die fürsorgliche Krokodilmutter: Sie bewacht ihr Gelege, verteidigt es gegen gierige Vögel und andere Räuber und hilft ihren Jungen beim Schlüpfen. Dann trägt sie sie in ihrem Maul sicher zum Wasser.

Haben Reptilien eine Haut wie wir?

Die Haut eines Reptils ist richtig dick und verhornt und gleicht eher unseren Fingernägeln als unserer Haut. Bei Schlangen und Echsen ist sie in kleine, einander überlappende Schuppen gegliedert. Krokodile und vor allem Schildkröten sind noch stärker geschützt: Sie tragen regelrechte Panzer.

● Schlangen fühlen sich keineswegs glitschig an. Sie sind trocken, kühl und angenehm anzufassen.

● Die Schuppenhaut eines Reptils hält Feuchtigkeit zurück und schützt das Tier vor dem Austrocknen. Das ist vor allem in Wüsten, wo viele Echsen leben, ausgesprochen nützlich.

Bei der Häutung platzt die alte Haut am Maul auf. Die Schlange kriecht dann mit dem Kopf voran heraus und streift dabei ihre alte Haut in einem Stück ab – so wie wir einen langen Handschuh.

Warum häuten sich Schlangen?

So wie du aus deinen Kleidern, wächst eine Schlange aus ihrer Haut heraus, die folglich ersetzt werden muss. Zwischen drei- und siebenmal im Jahr reißt die alte Haut auf und wird abgestreift – darunter liegt schon eine neue bereit.

Bei Gefahr verwandelt sich der Panzer-Gürtelschweif in eine stark bewehrte Kugel. Er dreht sich auf den Rücken, nimmt den Schwanz ins Maul und versteckt seinen weichen Bauch hinter einem Schutzwall aus Schuppen und Stacheln.

Warum haben manche Echsen Hörner und Stacheln?

Hörner und Stacheln sind bewährte Schutzschilde im Tierreich. Wie eine wehrhafte Ritterrüstung lassen sie die Echse gefährlich aussehen – und obendrein muss sich ein Feind, der trotzdem angreift, auf eine dornige Mahlzeit gefasst machen.

Wer hat viele, viele Tanten?

Ein Elefantenbaby hat nicht nur seine Mutter um sich, sondern auch eine ganze Menge Tanten. Da Elefanten in großen Herden mit bis zu 50 Tieren leben, wächst ein Elefantenkälbchen inmitten von vielen Verwandten auf.

Wer richtet eine Kinderstube ein?

Mara-Eltern verstecken ihre Jungen in einem Bau unter der Erde. Damit sie dort nicht einsam sind, teilen sich mehrere Familien einen Bau. Kommt eine Mutter vorbei, um ihre Jungen zu füttern, kümmert sie sich auch um die anderen Kleinen.

- Solange eine Nilpferdmutter auf Nahrungssuche ist, passt ein Babysitter auf ihr Junges auf.

- Maras gehören zur Familie der Meerschweinchen, sind langbeinig und leben in Südamerika. Mara-Eltern gesellen sich nie zu ihren Jungen in den Bau. Sie pfeifen in das Erdloch hinein und die Jungen eilen heraus.

Wo liegt die größte Kinderstube?

● Auch Bienen haben in ihrem Stock eine eigene Kinderstube, in der die Jungen schlüpfen.

In Amerika gibt es eine Höhle namens Bracken Cave, in der über zwanzig Millionen Fledermäuse leben. Die Mütter drängen ihre Jungen eng zusammen, um sie warm zu halten. Sie hängen so dicht beieinander, dass tausend von ihnen auf einer Fußmatte Platz finden würden.

● Eine Fledermausmutter hat ein so feines Gehör, dass sie aus den Lauten der Millionen von Fledermäusen in der Höhle das Rufen ihres Jungen heraushört.

Was befindet sich in einem Ei?

In einem Ei befinden sich drei Dinge – das Küken, Eigelb und Eiweiß. Das Eigelb dient dem heranwachsenden Küken als Nahrung. Das Eiweiß dient ebenfalls als Futter, schützt das Kleine aber auch gegen Stöße.

● Eine Stubenfliegen-Larve schlüpft schon nach 24 Stunden aus dem Ei. Ein Kiwi-Küken muss dagegen mehr als drei Monate ausgebrütet werden.

● Walhaie legen die größten Eier – sie sind so groß wie ein Rugby-Ball.

Warum wenden Vögel ihre Eier?

Vögel wenden ihre Eier, damit sie gleichmäßig Wärme bekommen. Das Küken braucht nämlich vor allem Wärme, um zu gedeihen – und darum muss immer ein Elternteil auf dem Nest sitzen.

Legen nur die Vögel Eier?

Keineswegs. Auch viele andere Tiere legen Eier – Fische, Frösche, Insekten, Schildkröten, Schlangen, Spinnen. Die Eier sind unterschiedlich: Schildkröteneier sind weich, lederartig und so groß wie ein Golfball. Schmetterlingseier sind winzig und funkeln oft wie Edelsteine.

● Die Raupe ist von Anfang an ein kleiner Nimmersatt. Schon beim Schlüpfen aus dem Ei verschlingt sie die Schale.

Wer bekommt die sahnigste Milch?

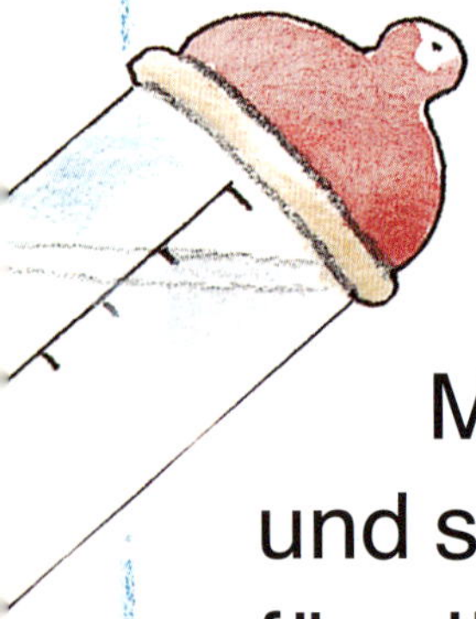

Die Milch einer Sattelrobbe ist so gehaltvoll, dass sie aussieht wie Mayonnaise. Sie ist zwölf Mal so sahnig wie Kuhmilch und so nahrhaft, dass man förmlich zusehen kann, wie das Robbenbaby mit jeder Mahlzeit wächst.

● Ein junger Seehund muss schnell wachsen, damit seine Mutter wieder auf Fischfang gehen kann. Drei Wochen lang säugt sie ihr Junges ausschließlich und ist danach völlig ausgezehrt.

● Viele Seehundjunge kommen inmitten von Eiseskälte zur Welt. Trotzdem erfrieren sie nicht, denn eine dicke Fettschicht unter dem dichten Wollpelz wärmt sie gut.

Wer wird aus einem Beutel gefüttert?

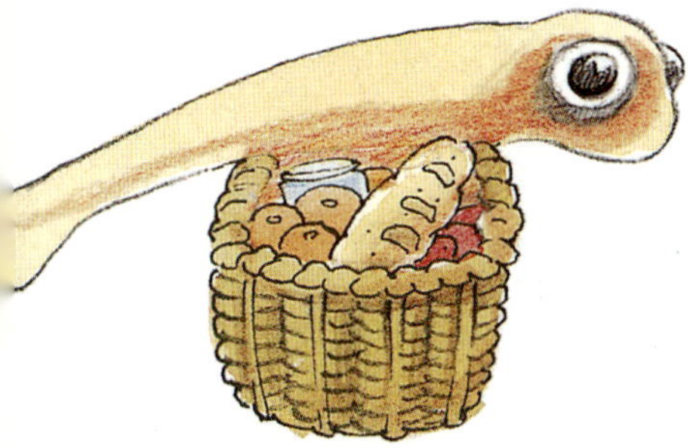

Wenn ein Lachsjunges schlüpft, hat es einen eigenen Proviantkorb dabei! Der winzige Fisch besitzt einen Nahrungsbeutel, der aussieht wie ein Eidotter und ihn mehrere Wochen lang ernährt.

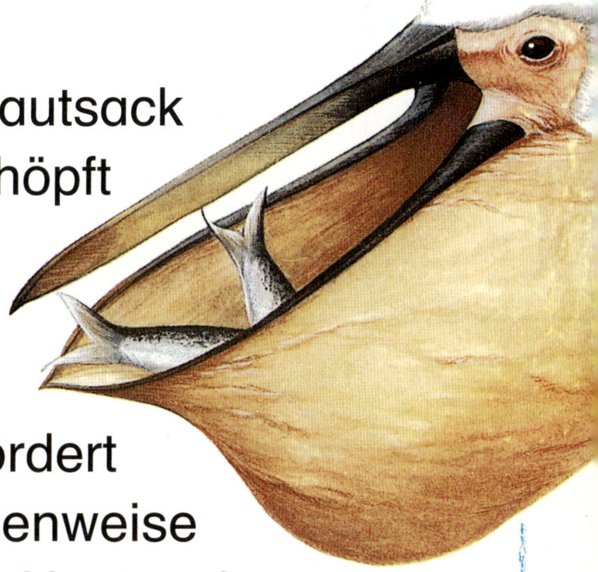

Mit dem dehnbaren Hautsack am Unterschnabel schöpft die Pelikanmutter Fische aus dem Wasser und schluckt sie. Beim Füttern befördert sie die Fische häppchenweise wieder zurück in den Hautsack, aus dem das Küken dann die Nahrung pickt.

Die kleine Einaugenfalterraupe gehört zu den gefräßigsten Tierkindern. In den ersten 56 Lebenstagen verdrückt sie das 86 000-Fache ihres Geburtsgewichts an Blättern. Für ein menschliches Baby wäre das so viel wie sechs große Lastwagenladungen voller Essen!

Viele Vogelbabys haben leuchtend bunte Schnabelhöhlen. Man glaubt, dass die Farbe die Eltern anreizt, die hungrigen kleinen Mäuler zu füttern.

Wann wird aus einem Welpen ein Hund?

Welpen kommen blind und hilflos auf die Welt. Mit zwei Jahren sind sie ausgewachsen. Alle Welpen, egal welcher Rasse, haben bei ihrer Geburt etwa die gleiche Größe. Daher sind die kleineren Rassen früher ausgewachsen.

2 Mit sechs Wochen geht der junge Hund auf erste Entdeckungsreisen. Er spielt mit seinen Geschwistern und liebt es, herumzupurzeln.

1 Mit etwa zwei Wochen kann ein Welpe sehen und hören.

● Ein Gnu muss nicht erst Laufen lernen. Schon fünf Minuten nach der Geburt trabt es neben seiner Mutter her.

Wann verlässt ein Tiger sein Zuhause?

Eine Tigermutter kümmert sich zwei Jahre lang um ihren Nachwuchs. Dann bekommt sie erneut Junge und lässt ihre zweijährigen Kinder links liegen. Doch das ist nicht schlimm, denn diese sind nun erwachsen und können sich selbst versorgen.

3 Wenn er schließlich ausgewachsen ist, ist er ein kräftiger und lebhafter Hund geworden. Mit gesundem Fressen und genügend Auslauf bleibt er fit.

● Im Laufe ihrer Entwicklung verändern die meisten Insekten ihre Gestalt. Ein Käfer beginnt sein Leben als Larve. Dann verwandelt er sich in eine starre, hartschalige Puppe. Im Inneren der Schale entwickelt sich das Insekt sehr schnell und schließlich krabbelt der fertige Käfer heraus.

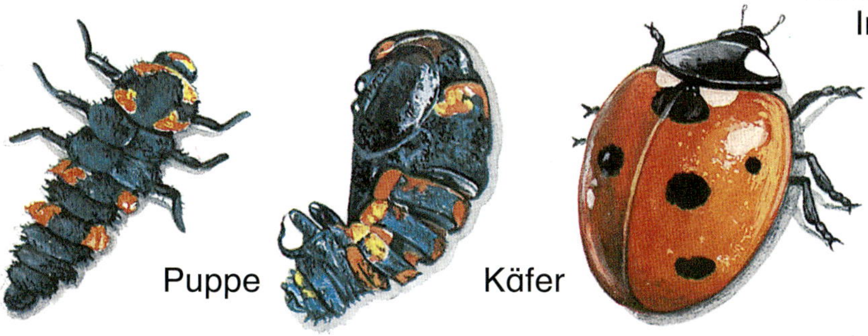

Larve Puppe Käfer

Welche Insektenmutter ist die beste?

Das Weibchen des Ohrwurms behütet seine Eier einen ganzen Winter lang. Es leckt sie sauber und hält sie warm. Sind die Jungen geschlüpft, füttert die Mutter sie mit Nahrung, die sie hochwürgt.

● Eine Assel trägt ihren Nachwuchs wie ein Känguru in einem Beutel mit sich herum!

Wer wird in einem Krug ausgebrütet?

Die Lehmwespe formt aus Lehm winzige Brutkrüge, in die sie je ein Ei legt. Bevor sie die Öffnung verschließt, sperrt sie darin eine lebende Raupe ein. Schlüpft die junge Wespe, wartet bereits die erste Mahlzeit auf sie!

Welche Insekten sind Rabeneltern?

Die Kuckuckshummel hat die Brutpflege vollkommen verlernt. Sie schmuggelt ihre Eier daher in die Nester anderer Hummeln und verzehrt vorher noch deren Nachwuchs.

● Eine Bienenkönigin legt über viele Wochen hinweg bis zu 35 000 Eier am Tag. Wen wundert es da, dass sie nur wenige Jahre alt wird!

● Die Larven der Büschelmücken treiben auf kleinen Luftblasen im Wasser.

● Die Wolfsspinne schleppt ihre Eier in einem Seidenkokon hinter sich her. Sind die Jungspinnen geschlüpft, klettern sie auf den Rücken der Mutter und reiten huckepack!

Wozu braucht ein Insekt seine Fühler?

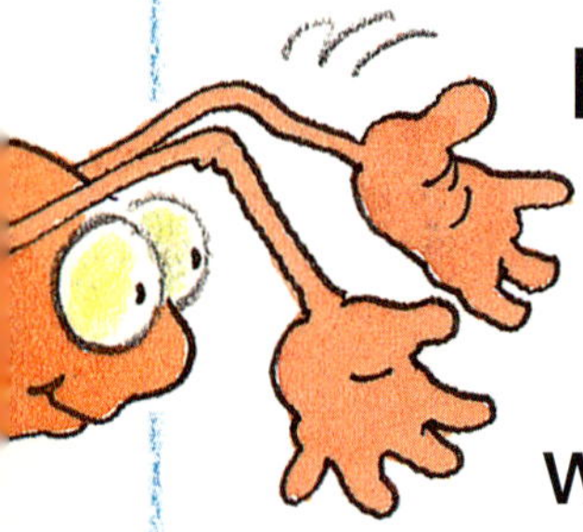

Insekten riechen und schmecken mit ihren Fühlern. Manche benutzen die Fühler auch wie Finger, mit denen sie Dinge prüfend abtasten.

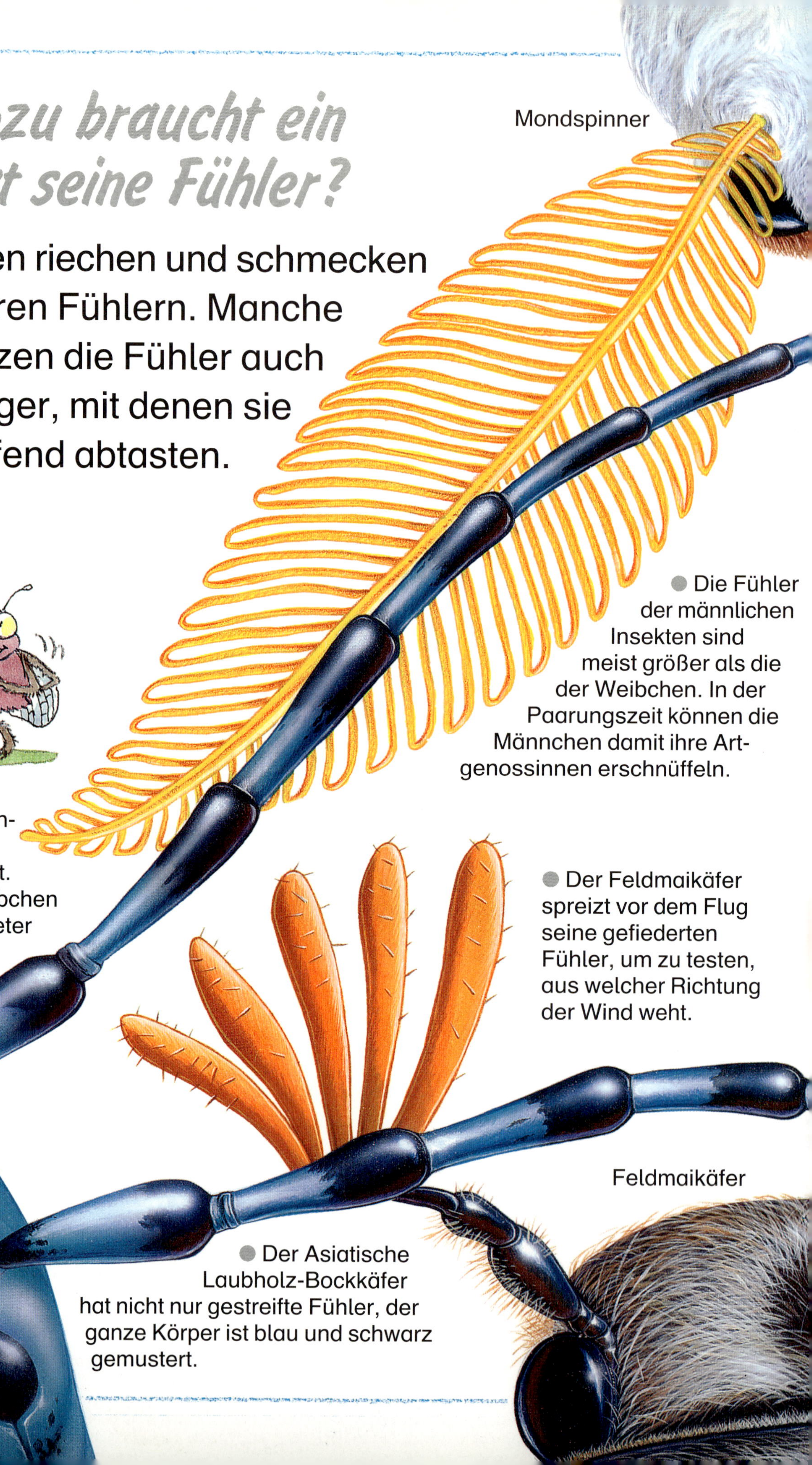

- Die Fühler der männlichen Insekten sind meist größer als die der Weibchen. In der Paarungszeit können die Männchen damit ihre Artgenossinnen erschnüffeln.

- Die Fühler des männlichen Mondspinners sind lang und gefiedert. Damit kann er ein Weibchen noch über viele Kilometer hinweg riechen.

- Der Feldmaikäfer spreizt vor dem Flug seine gefiederten Fühler, um zu testen, aus welcher Richtung der Wind weht.

- Der Asiatische Laubholz-Bockkäfer hat nicht nur gestreifte Fühler, der ganze Körper ist blau und schwarz gemustert.

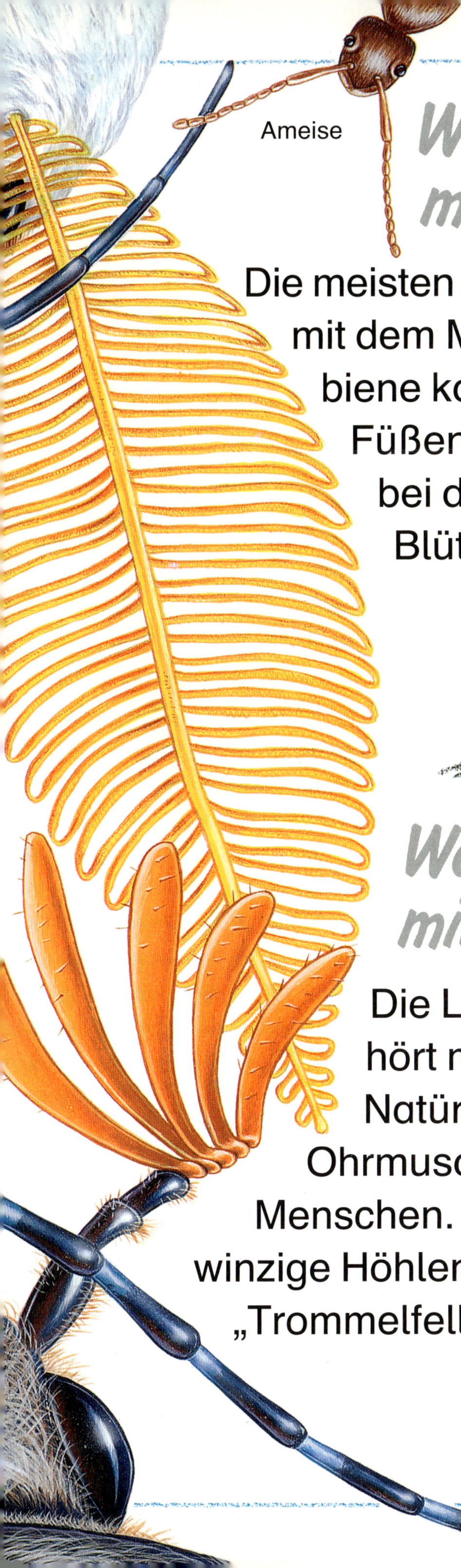

Ameise

Welches Insekt schmeckt mit den Füßen?

Die meisten Insekten schmecken mit dem Mund. Eine Honigbiene kann das auch mit ihren Füßen. Sie weiß also bereits bei der Landung auf einer Blüte, welches Menü sich ihr hier bietet.

● Trotz ihrer acht Augen sind Spinnen ziemlich kurzsichtig!

Welches Insekt hört mit den Beinen?

Die Langfühlerschrecke hört mit den Vorderbeinen. Natürlich sitzen dort keine Ohrmuscheln wie bei einem Menschen. Es sind vielmehr winzige Höhlen, über die eine Art „Trommelfell“ gespannt ist.

Wieso leben Honigbienen im Bienenstock?

Wilde Bienenvölker lassen sich in Baum- oder Felshöhlen nieder. Etwas bequemer leben die Völker in den Bienenstöcken der Menschen. Dadurch kann auch der Imker den Honig leichter gewinnen, als wenn er auf Bäume klettern muss!

● Wenn er den Bienenstock öffnet, trägt der Imker einen speziellen Anzug mit Handschuhen und einem Gesichtsschutz, um sich vor Bienenstichen zu schützen.

Warum tanzt die Honigbiene?

Findet eine Honigbiene einen guten Futterplatz, fliegt sie in den Stock zurück und „erzählt" ihren Artgenossen das durch einen Kreistanz. Die Richtung, in die der Körper zeigt, und die Schwänzelbewegungen weisen den anderen Bienen den Weg.

Blütennektar für den Honig zu sammeln ist Schwerstarbeit. Für ein Glas Honig müsste eine Biene zehn Millionen Mal ausfliegen!

Bienen haben nicht nur Bürstenhärchen, sondern auch einen Kamm an den Vorderbeinen. Sie säubern damit ihre Fühler.

Warum tragen Bienen Bürsten und Höschen?

An den Hinterbeinen der Honigbiene kleben sogenannte Pollenhöschen. Landet sie auf einer Blume, fegt sie den klebrigen Blütenstaub (Pollen) mit den Bürstenhärchen zu einem „Höschen" zusammen. Mit dem Pollen werden die jungen Bienen gefüttert.

Bären sind Honigräuber. Ihr dickes Fell schützt sie vor den Bienenstichen. Nur die Nase ist nicht bienensicher!

Nicht alle Bienen leben in Stöcken. Viele Bienen leben einzeln in Löchern und Höhlen.

Welches Insekt tarnt sich als Blume?

Eine Blumenmantis ist nicht nur rosa wie eine Blume, Teile ihres Körpers sehen auch genauso aus wie Blütenblätter. Wehe dem Insekt, das sich auf dieser „Blume“ niederlässt! Es wird verspeist.

Die Buckelzirpe ist ein winziges Insekt mit einer perfekten Tarnung. Wenn sie auf einem Ast sitzt, erinnert ihr großer Rückenstachel an einen leblosen Dorn.

Will sich ein Vogel über das Tagpfauenauge hermachen, bekommt der Angreifer einen gehörigen Schreck: Die Zeichnung auf den Flügeln des Schmetterlings ähnelt zwei Augen, die den Vogel grimmig anzustarren scheinen.

Welches Insekt kommt als Blatt daher?

Das sogenannte Wandelnde Blatt hat sich als Schutz vor Feinden seiner Umgebung angepasst. Über seinen grünen, blattartigen Körper ziehen sich sogar Linien in der Form echter Blattadern.

Die gelben und schwarzen Streifen einer Wespe warnen: „Achtung! Ich steche!“ Schwebfliegen stechen zwar nicht, sehen in ihrem Wespendesign aber ganz danach aus.

Welches Insekt hat einen Po zum Fürchten?

Der Oleanderschwärmer wackelt mit dem Hinterteil, um seine Feinde loszuwerden. Sein hinteres Ende sieht nämlich wie eine Fratze mit zwei hellen Augen aus. Da überlegt es sich ein Vogel zweimal, ob er wirklich angreifen soll!

Register

A

B

C

D

E

F

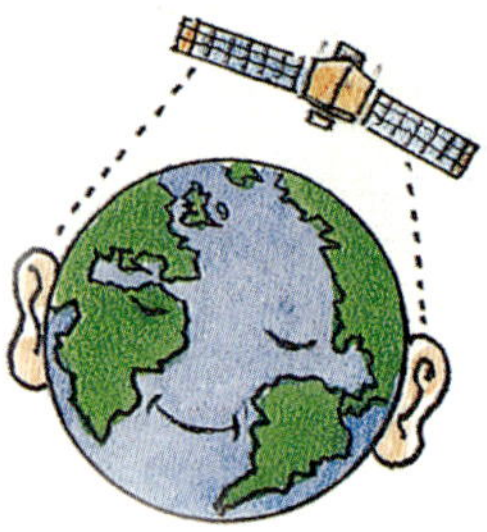

G

H

I

J

K

L

M

N

O

P

Q

R

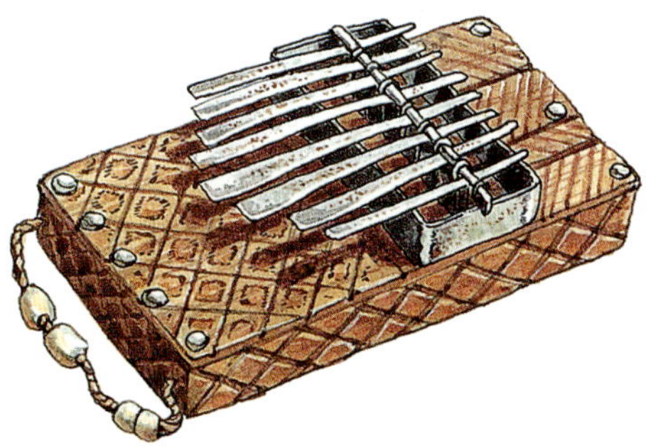

S

T

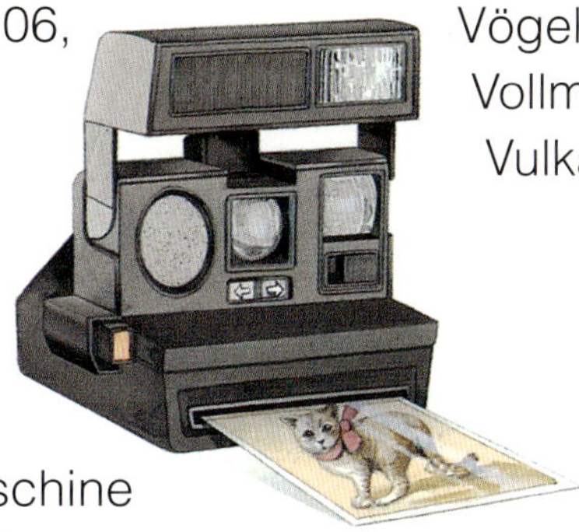

U

V

W

X

Z